100招

搞定熊孩子

黄晓棠 NLP 亲子小故事②

南方日报出版社
NANFANG DAILY PRESS
中国·广州

图书在版编目（CIP）数据

搞定熊孩子100招，黄晓棠NLP亲子小故事．2 / 黄晓棠著．—广州：南方日报出版社，2017.7

ISBN 978-7-5491-1638-6

Ⅰ．①黄… Ⅱ．①黄… Ⅲ．①家庭教育 Ⅳ．① G78

中国版本图书馆CIP数据核字(2017)第170171号

GAODING XIONGHAIZI 100 ZHAO

搞定熊孩子100招

——黄晓棠NLP亲子小故事②

黄晓棠 著

出 版 人：周洪威
策 划 人：柏沐芸
责任编辑：方 明 陈颂贤
责任技编：王 兰
责任校对：阮昌汉
出版发行：南方日报出版社
地 址：广州市广州大道中289号
经 销：全国新华书店
印 刷：长沙沐阳印刷有限公司
开 本：880 mm × 1280 mm 1/32
印 张：7.5
字 数：60千字
版 次：2017年7月第1版
印 次：2017年7月第1次印刷
定 价：38.00元

投稿热线：（020）83000503 读者热线：（020）83000502
网址：http://www.nfdailypress.com/

序

一切源于NLP心理学大师张国维博士的一句话：小故事，大智慧。没有小孩子喜欢听道理，当家长向他们唠叨的时候，他们会捂住耳朵，表现出反感和抗拒。成人也是一样，当对方跟我们讲道理的时候，我们可能会叉起双手，带着头脑去评判对方说得对不对、中不中听。在张博士的课堂上，我听到了许多可爱的故事，这些故事至今记忆犹新。我感觉当时的心是敞开的，我不知不觉把老师说的全吸收进去了，就这样学懂了NLP。受益于这门学问，我想把这种轻松学习的方法带给家长们，让大家在读我和两个孩子的生活琐事的时候，既享受又不知不觉地掌握了有效的沟通方法。

什么是NLP？它源于美国，是一门模仿卓越的心理学。NLP是英文Neuro–Linguistic Programming的缩写，直译为神经语言程序学。创始人透过模仿完形、催眠、萨提亚几门学问的代表人物的语言模式，总结综合为 NLP。透过学习 NLP，家长会变得灵活、多选择，碰到问题的时候，不会因为缺乏方法而只能打骂孩子。同时，家长会多一份觉察力。以前可能是伤害了孩子还不知道，现在，起码我们知道什么是对孩子好的，什么是违背孩子成长规律的。有时候，家长教孩子不能只用技巧，还要综合目标。督促孩子学习的技巧有多种，但家长还要想一想，我们希望孩子二十年后成为什么样的人？如果孩子以学术第一名大学毕业，可是他很压抑，并且除了学习，什么都不会做，人际关系也不会处理，这是家长想要的效果吗？孩子长大以后，如果和父母的关系恶劣，即使孩子再成功，我相信他们也不会开心，家长也不会开心。所以，家长要从小培养孩子的亲和力，与孩子一路上亲亲密密，和谐融洽。

黄晓棠

搞定熊孩子

100招

我是熊大弟，在爸爸妈妈面前，我是小娃娃，在弟弟面前，我是大将军！我干什么都喜欢磨蹭，除了玩耍和游戏，其他的我都不关心！

我是熊小弟。我喜欢当哥哥的跟屁虫，虽然他有时候会欺负我，还喜欢跟我抢玩具，可我还是喜欢跟哥哥玩。妈妈爱哥哥，但是妈妈更爱我！

目录

假期后是家长令孩子不愿上学的

今天是熊大弟和熊小弟寒假过后第一天上学。

哥哥动作比较慢，弟弟都准备要上学了，哥哥才拿起一个鸡蛋，打算剥开壳边走边吃。我和熊小弟没有等哥哥就下楼了，我吩咐哥哥把鸡蛋壳剥了就跟下来。

幼儿园就在我们小区里边，我和熊小弟走在上学的路上，我回头看，哥哥还没有跟上来，于是我嘀咕说："哥哥怎么还没来呢？"

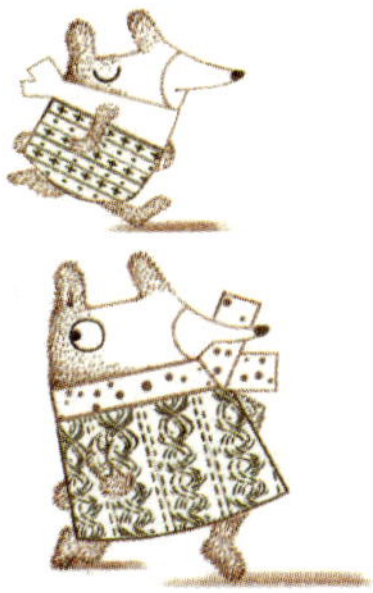

到了幼儿园门口，哥哥还是没来，我就先陪熊小弟到课室了。到了课室门口，熊小弟不愿意进去。里面已经有好几个小朋友了，有两三个在哭鼻子。

我自认为这是熊小弟第一天上学有点不习惯，于是我尝试着游说他跟老师进去。

熊小弟还是不愿意进去，他说要等哥哥来。我以为这是他不愿意上学的借口，还是继续游说他。这时候哥哥来了，熊小弟显得很开心，说要先送哥哥到他课室。我答应了，于是我们三人上去三楼，到熊大弟的课室。把哥哥送进去了，我和熊小弟就走回二楼他的课室，还没到课室门口，我就盘算着要怎么样让熊小弟愿意进去上课。

于是还没到门口，我就特意朝着熊小弟熟悉的一位老师喊："向老师，你把熊小弟带进去吧！"然后我蹲下来说："你是想让妈妈四点半来接你还是五点半来接你呢？"

熊小弟并没有回答我的话。他把手上刚刚园长在门口给他的巧克力，放到我的手里，就跟老师进去了。

黄晓棠NLP观点：

离开学校走在上班的路上，我顿悟：其实熊小弟并没有很强烈的不想上学的意思，从头到尾都是我一个人假设他不愿意上学的。我自己的头脑充斥着他不想上学的一些画面，在这个过程当中，我一直露出焦虑和不安，这些一定是给熊小弟看到了。还好熊小弟是比较自立的，他并没有因为我的表情而更加黏我和不想离开我。

爱和溺爱

今天早上，我陪熊大弟和熊小弟去幼儿园。到了幼儿园，刚刚好是要做早操的时间。可是熊大弟不愿意去做早操，他抓着我的衣服，跟随着我，想要我留下来陪他。我以为只要拖延一下，陪他把书包放下就可以走了，于是我就陪他到后面放书包的地方，帮他把书包放下来，可是他还是不让我走。

我开始跟他讲道理了："你可以选择不做早操，但是妈妈要上班，我想要准时上班，你可以支持我吗？"

熊大弟没有答应，只是抓着我的衣服，不让我走。我重复了同样的话，这次没等他回应，我就撇下他自己走了。

过后回想起来，其实我当时是有情绪的。冷静后分析起来，我当时的顾虑是多余的，孩子有这样子的需求，是因为他还在搭建安全感，如果妈妈选择留下来，满足他的需求，孩子对爱的需求满足了，他才会真正地走向独立。显然当时我的爱是空的，脑子里面满是规则。

那溺爱是什么呢？溺爱是孩子无论有什么要求，无论他这个要求会不会伤害到其他人，会不会伤害到自己，家长都去满足，这样子才叫作溺爱。然而今天早上熊大弟只是要求我再陪他一会儿，并没有影响其他人，我却没有答应他，所以从现在开始我要更加细心地体察孩子的需求，给孩子更加多的爱。

黄晓常 NLP 观点：

许多家长都觉察到需要给孩子充分的爱和自由，有时候又因为担心爱变成溺爱而裹足不前。我认为界线是“我好、你好、大家好”，只要是不破坏这个条件的，都可以满足孩子。

如何培养灵活的孩子

熊小弟每天晚上洗澡，都要挑选一个喜欢的玩具，放进洗澡盆里边。昨天晚上，他拿了一架纸飞机想要放进洗澡盆。

我有一个冲动，想要告诉熊小弟说：“这是纸折成的，不能放进水里，不然会烂掉的。”

我花了好大的力气，才强忍住了，我改口用提问的方式问熊小弟：“这个放进去会怎么样呢？”

熊小弟回答：“不知道。”

我决定让熊小弟亲自试一下。

熊小弟拿着纸飞机走进了洗澡盆。飞机碰到水之后，并没有马上破掉，而是变得软软的，当然飞机的形状也有所变化。

熊小弟说："妈妈，帮我折好一点。"

我感到很为难，都软成这样子了，要怎么折呢？但我还是顺着孩子的意思，用手捏了一下，结果当然是捏不好的。孩子也观察到了，知道碰到水的飞机变软了，形状会走样，而且变不回去了。这是他自己真真实实观察到的。他把这架已经很软的纸飞机放在手里，捏了又捏。孩子是在干吗呢？他是在感受纸变软了之后软绵绵的感觉。熊小弟就像搓汤圆一样搓呀搓，最后纸才开始破了。在这个过程当中，孩子不仅仅学习到了纸在水中泡久了会破，还感受到了什么叫作软，什么叫作沾了水的软。

当然，孩子一定还学习到了更多我没有觉察到的。

黄晓棠NLP观点：

NLP告诉我们，凡事都有三个以上的可能性，就好像我们看一个杯子，站在不同的角度，看到的肯定是不一样的花纹、不一样的图案。所以这个纸飞机放进水里，如果我告诉孩子说会破掉的，那这个"破掉"会让孩子认为是唯一的答案，孩子就不会再去观察和探索了。

我把自己的想法扣在孩子头上了

今天早上熊小弟上幼儿园有点闹情绪，在学校操场不让我离开，还一直说："我不想离开妈妈，我不想离开妈妈。"

我认同他的情绪，在操场上陪了他一会儿，也对他做了一番工作。最后，熊小弟的情绪有一点好转。

我以为差不多了，想不到熊小弟提出："我想我睡醒觉妈妈就来接我。"

我心想，孩子睡醒觉是两点钟，可是学校是四点半才放学，我不能答应他。于是我尝试游说他说："哦，是睡醒觉、吃完饭了，妈妈来接你是吗？"

熊小弟说："不对，是我还没吃饭你就来接我。"

我开始头痛了，那我要不要答应他呢？如果答应了没有做到，是绝对不可以的。如果我说不行，熊小弟又会哭闹起来。我该怎么回应呢？

我突然想起 NLP 一个重要的观点，我改口问熊小弟：“嗯，你们一般睡醒觉是几点钟啊？是四点吗？”

熊小弟说：“不对，是四点半。”

“哦，四点半啊。好。妈妈答应你，我们来拉钩钩。妈妈四点半，等你睡醒觉了，就来接你。”我观察到熊小弟神情淡定了很多，就送他到课室上课了。

黄晓棠 NLP 观点：

每个人都有独特的心理世界，我们要尊重他人的心理世界。文中睡醒觉两点钟是熊妈妈的标准。对于熊小弟，睡醒觉代表要放学了，是四点半。可见孩子的想法跟成人的不一样。家长如果懂得给孩子表达的机会，聆听孩子的想法，跟孩子沟通起来就会更和谐。

留意我们指给孩子什么方向

今天早上，我送熊小弟去幼儿园。放下书包之后，他要求我抱他一下。

我开心地把他抱起来，并留意到他的表情是幸福和甜蜜的。正当我们在享受甜蜜时光时，熊小弟的老师在不远处看到了。她以为熊小弟是在撒娇，不愿意上学而要求我抱着他。

她走过来对熊小弟说：“怎么啦？昨天还好好的呀！”

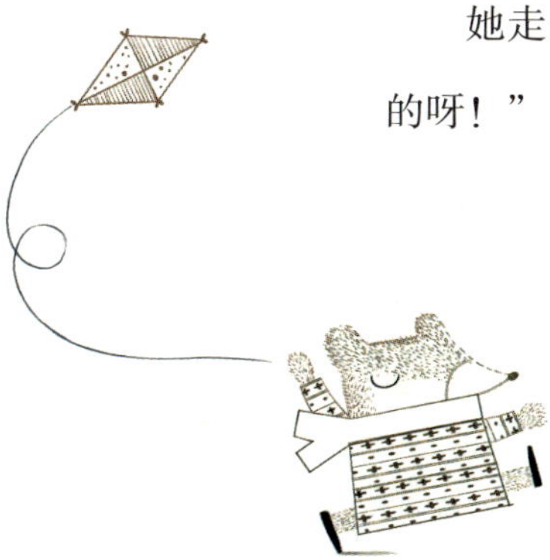

听到老师这么一说，我看到熊小弟的表情开始变得难过起来，就真的像老师描述的一样撒娇，一副不想上学的样子了。

我感觉到方向不对。我马上对老师说："他是可以的，他只是要我抱他一下而已。"

听到我这样一说，熊小弟的表情又有了转变，微笑起来，流露出满足的样子。把熊小弟放下，我挥手跟他拜拜。他也欣然接受，跟着老师滑滑梯去了。

黄晓棠 NLP 观点：

孩子都是愿意配合家长和身边的成人的，当家长表现出开心愉悦的时候，孩子感觉安全，他也开心愉悦。反之，当身边的成人表现出担忧和不安的时候，孩子也会感到担忧和不安，从而变得跟我们所担心的一样。

孩子盖被子那点事

昨天晚上，睡到半夜，熊大弟用脚踢开了被子。我睡在他身边感觉天气有点凉，于是就习惯性地帮他把被子盖上了，谁知道刚刚盖上熊大弟又用脚把被子踢开了。这样子来回盖了三次。最后，他还是踢掉了被子。

这时候我突然想起了什么，我对自己说，我要先等五分钟，如果五分钟后他还没有自己把被子盖上的话，我再帮他盖。

于是我就躺在他的旁边，睁开眼睛看着他。

这五分钟很难熬，我无数次有想帮他把被子盖上的冲动，但我还是坚持住了。等了不知道有几分钟，我忍不住了，就干脆起床去洗手间了。从洗手间回来，我还没有躺下，熊大弟就自己用手抓起了被子，把自己裹得严严实实的。

我看到这一幕，就觉得我刚才的想法是对的，做法也是对的。睡了几分钟之后，熊大弟又用脚踢开了被子，随后不到十秒钟，他又自己用手把被子拉上去，自己盖好被子了。

黄晓棠 NLP 观点：

每个人对于冷和热都有自己的判断。妈妈要避免用自己的身体判断孩子的冷热。自主的孩子会跟妈妈抗衡到底，顺从的孩子则会怀疑自身的感觉，甚至认为自己是不可靠的，妈妈才是最可靠的，慢慢就会不信任自己的感受，忽略自己的感受。

重来的甘苦

今天早上，下着不大不小的雨。我和两只小熊像往常一样，每个人撑着一把雨伞上学去了。因为下了一个晚上的雨，地上有很多摊积水。我告诉两只小熊，看到水了就要避开。

走到了靠近学校围栏那里，有一条沟，平时是可以过去的。因为下了雨，它就变成一条小河了。熊小弟是没有办法迈过去的。还好右手边有一条比较高的人行道，只是那里停了一排电动车。我们好不容易侧着身子过去了。

来到了学校门口，我突然记起来，今天星期一，他们两个中午睡觉的被子我忘记带了。熊大弟和熊小弟听到被子忘记带了，两人都表示要和我一起回家去拿。我肯定不愿意啊，外面下着雨，地上积水又多，弄湿了多麻烦。同时我心里有一个期待，因为现在已经八点钟了，我不想儿子迟到，想要他们准时上学做个好学生。

我把这个期待说了出来：“老师说了，八点钟要到学校。要准时上学的。”

熊大弟听到我这样讲，不知道他是因为长大了，懂得我的心思，还是真的想要做一个好学生，就同意了先到课室去。但熊小弟呢，怎么样讲他都不愿意先去课室，一定要跟我回去拿被子。我让他站在学校医生检查室那里等我，他也不同意，就是要跟我回去拿被子，然后重新走回学校。

虽然我心里面有十万个不愿意，但这时我心里响起了一个声音，让我最后还是带着熊小弟回家拿被子了。这声音是什么呢？

黄晓棠NLP观点：

蒙台梭利说孩子在各个年龄段会出现各种敏感期。熊小弟最近无论大小事情，如果不顺他意，都要求从头来一遍。例如，早上起床一定要抱着出房间，药的颗粒要由他倒进杯子里。熊小弟的秩序敏感期到了。这个时期，家长再辛苦，也要顺应孩子的需求。孩子的需求满足了，就能顺利度过，进入下一个敏感期。

孩子探索的重要性

一天晚上，两只小熊去熊大弟的同学家吃饭。到了八点左右，我去接他们回家。那天晚上，我们在同学家门口等电梯。电梯门一打开，熊大弟和熊小弟进去之后，熊大弟跟我说："妈妈，你不用进来，我和弟弟两个人先下去，你等一下再下来好不好？"

一听这话我的心先忐忑了一下。我不知道这样安不安全，外面有很多拐走小孩的案件。让两个这么小的孩子 —— 一个五岁，一个才三岁——自己下

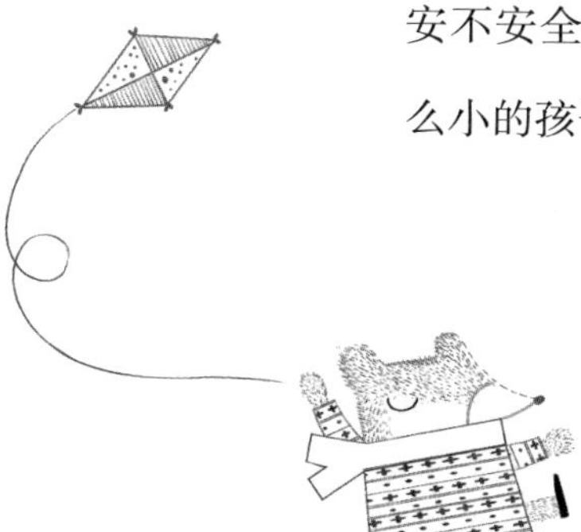

去行不行呢？我犹豫了一下，同时我知道孩子的探索和独立自主是很重要的，最后我还是答应了："嗯，好的，那你们先下去，在下面等我哦。"

电梯门关了，在等电梯的时候，我的心那个焦虑啊。电梯在八楼停了一下，我心想：惨了！有人进去了，究竟进去的人是好人还是坏人呢？等下我下去了，能不能见到我的孩子呢？

我很紧张，马上狂按电梯按键，好不容易另一台电梯上来了，我第一时间冲进去，按一楼。到了一楼，电梯门打开了。我看到熊大弟站在电梯口，熊小弟站在他旁边不远的地方，两个人的眼睛瞪得大大的，很专注。他们也是在看数字，一个一个的8、7、6这样下来，很专注。

看到这一幕，我心想，刚才的决定很正确。

黄晓棠NLP观点：

当0—7岁的孩子尝试一样全新的体验时，大脑里就会建立起一个新的神经元网络。神经元网络越多越稠密，孩子就越灵活。另外，要求独立自主是孩子成长的征兆，如果家长满足孩子的要求，孩子就能感受到自己话语的力量，对自己充满信心，同时很快学会照顾自己。

家长干预的后果

昨天晚上，我带着熊大弟和熊小弟出去散步，顺便满足一下他们玩弹珠的欲望。

我给了他们每个人五元钱。他们玩到最后一个币的时候，我看熊大弟用最后一个币，去玩一台塞进去就有五颗弹珠的游戏机。

这游戏是这样玩的：从上面放进一颗弹珠，这颗弹珠沿着一条小道一直滚下去。小道的尽头是一排流动的纸牌，每一张纸牌的中间有一个圆洞，如果弹珠能穿过圆洞的话，就赢了，游戏机就会奖励一颗或者两颗弹珠给孩子。如果弹珠被纸牌挡住了，穿不过，就输了。

我在旁边看熊大弟玩。刚开始的时候，他运气很好，赢了一两颗弹珠，所以他的口袋里揣有七八颗弹珠。熊大弟继续把弹珠塞进去，这次慢了半拍，被纸牌挡住了。接着第二颗、第三颗、第四颗全部都被挡住了。

我发现熊大弟的动作，放下去的时候，都是慢了一点儿的。看着熊大弟的弹珠越来越少，我比他还紧张。我说："不行啊，你慢了，要放快一点儿，要提前放进去。"

只是熊大弟还是按照他自己的方式去放，到了最后一颗的时候我忍不住了，我说："我来吧。"说着就抢了他手上的弹珠要放进去。

结果熊大弟不肯："不要，我自己来。"就在我们争夺的时候，那颗弹珠溜了下去，最后还是被纸牌挡住了，所有弹珠都没有了。

熊大弟生气地哭起来："都怪你，就是你的错，你干吗要拿我的弹珠？就是你的错。"他埋怨起来，我们一路走回家，他都在不停地埋怨我。

黄晓棠NLP观点：

家长需要尊重孩子的决定。如果是孩子自主决定的，即使失败了，孩子也会学会自主承担。家长干预，只会破坏孩子内在的秩序，引起混乱。

家长有时候要“无中生有”

我们一家人围在一起吃晚饭。我们是潮汕人，喜欢吃地瓜，所以做饭的时候会顺便放几块地瓜跟米一起煮，做成地瓜饭。

两只小熊也喜欢吃地瓜。昨天晚上熊大弟发现有地瓜吃，就跟阿姨说：“我要地瓜，要很多很多地瓜。”

阿姨把 5 块地瓜放进了他的碗里。哥哥捧着一碗地瓜出来了，很开心。弟弟看到哥哥有一碗地瓜，他也要：“我要跟哥哥一样多。”

阿姨去锅里一看，只剩两块了。没办法，只能把两块地瓜放进熊小弟的碗里。

弟弟一看，跟哥哥的一比较，不肯了："我要跟哥哥一样多！"

熊小弟就快生气了。这时大人的第一反应就是讲道理："没有了，全部都在这里了，都给你了。"

可是弟弟还是坚持："我要跟哥哥一样多！"

爷爷的碗里有一块没吃过的，爷爷就把那一块也给了熊小弟。熊小弟还是不肯："我要跟哥哥一样多！"

现在我们可以怎么做呢？我拿起筷子，在弟弟的碗里把一块地瓜夹成两半，又把另一块地瓜夹成两半，之后跟弟弟说："好的，可以跟哥哥一样多。你数一下，现在碗里有几块？"

弟弟数："1、2、3、4、5，咦？6块！"

他数错了，但是他很开心："Yeah！我有6块地瓜，我比你多，我有6块！"

事情就这样解决了。

黄晓棠NLP观点：

NLP认为，只要家长目标明确，身边所有的东西都可以成为解决问题的资源。熊妈妈把3块地瓜中的2块变成4块，这样子就变成了5块地瓜，满足了熊小弟心里所想的"跟哥哥一样多"的概念。

家长放慢5分钟后的发现

放学回家，我跟熊小弟一起回到家楼下的大门口。

我们家的大门需要按密码才能进得去。熊小弟今年三岁半，还不够高，按不到密码。但他有自己的方法开门。熊小弟学蜘蛛侠一样，因为铁门是镂空的，他就把一只脚塞进一个小洞里，手也钳住一个洞，两手两脚就像蜘蛛侠那样子爬上去。到了足够的高度，熊小弟松开了左边的手和脚，去按密码。

果然密码就这样子给他按到了。

锁打开之后，熊小弟慢慢退了下来，然后用力把铁门掰开一条缝。只是他并没有要进去的意思，而是把门又重新合上了。

熊小弟要干什么呢？只见他又重复了刚才的动作，爬上去按密码、退下来、把门开一条缝、合上去。熊小弟就这样子重复了足足六次，直到满足了，才不再做这个动作了。我就在旁边静静地看着他，整个过程大概花了5分钟。

黄晓常NLP观点：

孩子是可以自我发展的。孩子从第一次攀爬到第二次、第三次，这个过程是一个内化的过程，他要把这个过程慢慢变成身体的记忆。当他做到第五次、第六次的时候，他就满足了，不再做了。

睡前故事这样讲有意思

晚上十点多一些，我像往常一样应熊小弟和熊大弟的要求，给他们讲起了即兴的睡前故事。

“有一个小男孩，他和爸爸妈妈一起去美国旅游。他们是住广州的，爸爸妈妈也没去过美国。他们是冬天去的，到了美国，哇，下雪了！你们有没有见过雪呀？”我问熊大弟和熊小弟。

“有！上次我在家外面就见过雪了。我还玩雪呢！”熊大弟兴奋地动着十根手指，仿佛回到了玩雪的那一刻。

“还有云南呢？”我提醒。

“云南的雪好搞笑的，像盐一样。”熊大弟的想象又飘到云南去了。

“我在海南岛也见过雪！”熊小弟也不甘示弱。我们刚刚去过海南岛，熊小弟记忆最新鲜的就是这个地名了，所以把它也用上了。

…………

“美国下雪，你们觉得是冷还是热呀？”我问。

“冷！”他们争着回答。

“对，因为衣服带得不够，所以小男孩就冷得‘磕磕磕磕’牙齿打架。你们知道‘磕磕磕磕’牙齿打架是什么样子的吗？”

“知道，上次我在堂姐家游泳，她家的水好冷，我的牙齿就‘磕磕磕磕’打架了。”熊大弟回答。

…………

黄晓棠NLP观点：

提问是亲子沟通的一个重要技巧。它除了能刺激孩子主动思考，使小脑瓜变得灵活之外，还可以提升孩子的自信心。家长还可以透过提问引领方向，家长问一些积极正面的问题，孩子就会往积极正面的方向想，如：“小男孩最后不冷了，他是怎么做到的？”相反，如果妈妈问一些消极的问题，孩子就会往消极的方向想。

两兄弟相亲相爱的秘密

我和孩子外婆聊天。当聊到熊大弟和熊小弟时，外婆欣赏地说：“他们两兄弟经常一起玩。没有出现哥哥不和弟弟玩的情况，也没有出现一个人欺负另一个人的情况。”我对此表示认同。

昨晚回到家，这不，一进门就远远看到熊大弟和熊小弟在漆黑的房间里一起看“投影”。所谓“投影”，就是他们两人的电话手表，在黑黑的环境里亮出的几个画面。客厅的小桌上，散落着他们还没

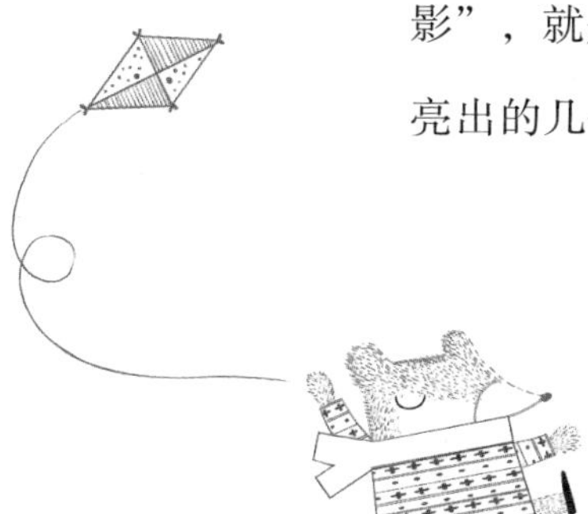

收拾的国际象棋。看样子就知道他们刚刚下过棋。看到我和爸爸回来了，两兄弟冲出来高兴热闹一番后，又开始一起拿我的手机玩游戏。我们约定好每天每人可以玩十五分钟游戏，可是基本上他们都是一起玩，所以加起来有半小时。之后，又一起回到房间，玩“特技”表演。所谓“特技”，就是从落地玻璃窗的窗台上，往下跳到地上的床垫上，又翻一个身，滚到另一张高一点的床垫上。两个人轮流玩，直玩到满身大汗为止。两兄弟每天都一起玩，有时我甚至感觉都没有我这个当妈的什么事了。

黄晓棠 NLP 观点：

多子女的家庭，家长要保持给予哥哥姐姐足够的关爱，避免生了小的就忽略了大的。如果家长能够每天给予大孩子十五分钟的个人陪伴时间，跟他聊天，表示爸妈对他的关爱，大孩子和小孩子之间就能够友爱相处。

如何让孩子爱上运动

傍晚，我坐在游泳池旁边的椅子上，欣赏着熊大弟和熊小弟开心自由地在游泳池里戏水，这让我想起一些画面。

熊小弟两岁多一点就开始脱圈游泳了。当时在游泳馆里，曾引来不少艳羡的目光。有些小孩三四岁、四五岁还套着游泳圈游，而这个小弟弟脚刚踮得着池底，就脱圈游泳了。除了游泳，他们两兄弟骑自行车也是早得让人吃惊。两兄弟都是两岁多一点就会骑两轮自行车了。有一次在一个森林公园，熊小弟自个儿骑着一辆小自行车在众多大自行车中穿插，许多人看到了，就像见到新奇事物一样，惊讶得直叫："有一个宝宝在骑车！"除了骑车，两兄弟还玩滑轮、攀高、滑板，能接触到的都玩过了。是什么让两兄弟能玩这么多东西呢？

第一要舍得让孩子摔跤受伤。我们每天晚上，临睡前的必然程序就是擦油。两兄弟的腿总是摔得青一块紫一块的。家里老人曾经无数次劝告："这个不要玩，太危险了。""那个先别碰，长大了自然会！"这些劝告都被我这个"狠心"的妈直接忽略了。

第二就是玩什么由孩子做主。不是所有的运动两兄弟都喜欢。乒乓球熊大弟打了两次，就不想再学了。我说："OK，等你想玩了再玩。"我不会挖苦孩子说："当初是谁说想要玩的？这么快就放弃了？"孩子玩什么，我都不曾给他们压力。我绝不说："你的动作要这样，那样不对。"两兄弟完全凭着天然的兴趣玩所有的运动。

黄晓棠NLP观点：

独立自主是孩子成长的需要。当孩子发现他说的话有力量，他能为自己做决定时，孩子的内心就有力量，做起事情来就特别有动力。

如何让孩子爱交朋友

今天的晚餐，熊大弟一边吃，下巴一边渐渐靠近桌面，看样子想睡觉了。今天是星期天，熊大弟一整天都跟小朋友们玩，一刻都没停过。熊大弟说不想吃了，要进房间睡一会儿。刚一躺下，楼下又喊起了他的名字，又有一个小朋友来找他玩了。

回想起熊大弟读幼儿园中班的时候，常回家跟我诉说："没有人跟我玩。"而现在，熊大弟几乎没有一个人玩耍的时间，上学、放学都跟朋友在一起。怎么会有这么大的转变呢？

答案就是，熊大弟有时候放学说要去同学家玩，我基本都会答应。甚至，熊大弟说要在同学家吃晚饭，我让他去问同学的妈妈，只要对方答应，我都会允许。

渐渐地，有同学来楼下叫熊大弟去玩了。要不要答应同学的邀请，我几乎每次都会让熊大弟自己决定，没有说因为要做作业，或是要做其他事，就不让他去玩。我还经常鼓励他邀请小朋友到家里来玩。每天放学回家，在小区花园见到有小朋友在玩耍，我们一般会停留一段时间，让“两只小熊”跟小朋友们一起玩，直到饭点才回家吃饭。

黄晓常 NLP 观点：

“同步带领法”是 NLP 的一个重要技巧。家长想孩子跟朋友一起玩，就要学会顺应孩子的需求。当孩子想要去楼下玩时，就答应孩子，不要因为家长忙而拒绝孩子。当孩子不愿意和某些小朋友一起玩时，家长也不要给孩子施加压力，让孩子一定要融入进去。

如何刺激孩子的五个感官

我和两只小熊在家玩一个好玩的游戏。

我找来一条长长的布，蒙住熊大弟的眼睛，不让他看见。然后，我把一个花生壳凑到他鼻子前让他闻，让他猜是什么。

“花生！”熊大弟马上就猜中了。

我又把一根毛豆凑到他鼻子前让他猜，之后又端上一杯茶。猜中了可以继续，猜不中就换人。

玩着玩着，我们就搞起恶作剧来了。我把胳肢

窝伸到熊大弟的鼻子前，又把臭脚丫伸到他鼻子前让他闻。玩腻了闻后，我们就玩摸的。同样蒙着眼睛，让他摸身边的人，猜是谁。玩过摸的，就玩尝的。我把一颗花生米扔进熊大弟嘴里，让他吃，并猜是什么东西。最后，我们还玩听的，每人轮流闭眼并说出三样听到的声音，不许重复别人说过的。

凭一条蒙眼布，我们就玩了一个小时，一直笑个不停，直到累得不行为止。

黄晓常 NLP 观点：

孩子七岁之前要尽量开发感官。感官包括眼、耳、鼻、口、手。例如手，孩子蒙着眼睛，用手去触摸一样东西，同时将这一信息与存在大脑里的信息相匹配，匹配上了就用语言表达出来。这让孩子感受到手的存在，并特意去用它，保持手的灵敏度。其他感官也一样，让他们保持灵敏，有助于孩子学习和记忆。

先定目标，后找方法解决问题

我在小区的花园散步，散步的路径是顺着花园的外围走一圈，就像操场的跑道一样，是一个大大的圆圈。我散步时走在路的中间，迎面慢慢开过来一辆载垃圾的三轮车。三轮车也在路的中间走，如果我不变道的话，正好是迎个正着，堵住我的去路。当三轮车慢慢靠近的时候，很自然地，我就转移到路的一旁去，从车的左边过去了。我继续散我的步，朝我定好的目标走去，丝毫未受影响。

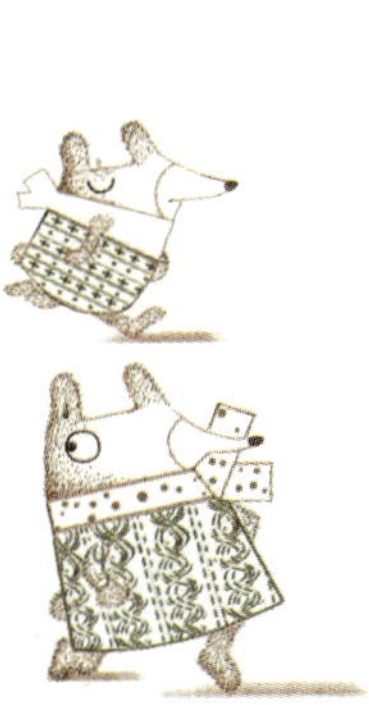

在养育孩子的路上，家长也会时常碰到问题，就像这辆迎面开来的垃圾车一样。例如，孩子到点上学了还在玩，牙没刷，早餐也没吃。这时，家长很容易就会情绪高涨，大声吆喝孩子吃早餐。如果孩子还没动，就有可能拧住孩子耳朵，逼他动起来。这其实就相当于跟迎面开来的垃圾车较劲，用力推它，想要它让路，又或者抱怨它为什么要往路中间开挡住你。家长一跟问题纠缠，很容易就会忘了自己想去哪里，忘了自己的目标。家长的目标可能是想培养独立自主、阳光快乐的孩子。孩子到点不吃早餐，本该让孩子体验一下饿肚子的感觉，让他自己承担这一选择的后果，这才是跟独立自主的目标一致的。可是家长为孩子着急，孩子不吃家长就哄、打、骂，给孩子的信息就是，家长才应该为他的肚子负责任，而不是孩子自己要负责。所以，遇到问题，家长首先要找的是方向，是目标。不要急于解决问题，陷进问题里面，忘记了目标。

黄晓棠 NLP 观点：

碰到问题，家长难免有情绪。在情绪里，家长比较难理智地解决问题。所以，碰到问题，家长无须急切地解决问题，而是要先定方向，找到目标，然后再来解决问题，或者干脆绕过问题，直奔目标。

如何让孩子主动关电视

我在睡房看书，两只小熊在客厅看动画片。等到播广告时，我走出客厅，问熊大弟想要看多久。熊大弟说："广告播完还有一集，看完就没了。"

"还有一集，看完就关电视吗？"我核对熊大弟的意思。

"是的。"熊大弟说。

我继续回睡房看书。很快，下一集播完了，广告声又响起来了。我有点冲动，想要提醒熊大弟已

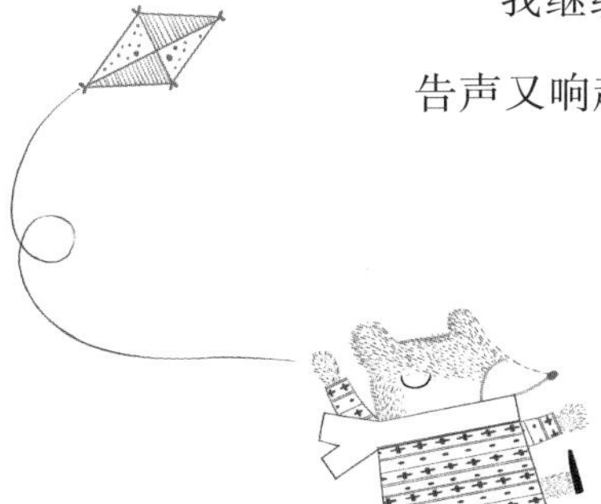

经播完了，要关电视了。最后，我还是忍住了，难熬地听着广告声，同时心中充满期待。不久，电视声好像没有了，过道里响起了两只小熊的声音。首先是熊大弟走进睡房，进入我的视线。我张开双臂，欣赏地等待熊大弟投入我的怀抱里。跟着是熊小弟。我竖起大拇指，说："很好，守信用，说了关电视就准时关。"

黄晓棠NLP观点：

跟孩子提前约定，让孩子自己决定要看多久。然后，约定的集数看完了，要等待孩子自己关电视。这样做有两种意义，第一是表示对孩子的信任，第二是让孩子"主动"地关电视，主动代表自愿，是自己的责任和决定。被动则有托付心态，妈妈不来就不关。让孩子自己关电视后，妈妈如果加以肯定，孩子下次就更愿意这样去做。

孩子是如何变得无希望的

昨晚我回家有点晚，自己在厨房弄面条吃。两只小熊从外面回家，一进屋看到我在煮东西，兴奋地过来，要帮忙弄。爷爷见到，立刻惊呼，大声喝止：“这东西这么滚烫，在这里干什么！”其实当时我是站在炉子旁的，我的手也握着锅柄，安全程度是可以把控的。所以，我就坦然地让熊大弟帮忙握着锅柄，帮我搅拌锅里的面，满足他的求知欲，也接受他助人的满腔热情。

我明白爷爷的担心。就像其他成人一样，爷爷认为周围的环境充满危险，担心孩子会受伤。为了保证孩子的安全，成人选择最省心的做法，就是阻止孩子碰各种“危险”的东西，阻止孩子做各种“危险”的活动，让孩子待在“安全”的地方。然而，有部分“危险”并不是真实存在的，而是成人信以为真的。问题在于成人有许多的信以为真，以致让孩子少了许多体验与探索的机会。可笑的是，孩子长大以后家长还反过来抱怨孩子这也不会，那也不会，畏畏缩缩，遇到事情总说“我不能”。

黄晓常NLP观点：

孩子慢慢长大，需要掌握照顾好自己的技能，方法是透过探索和体验。孩子不能够单纯从父母口头传授的经验掌握技能。父母鼓励孩子探索的方法就是陪伴，让孩子戴上安全护具，尽情探索。

一句话说多几遍，就会变成催眠语言

两只小熊的幼儿园是早上八点钟做早操。因为学校离家近，按成人的步伐一两分钟就可走到学校，所以以前我们七点五十五分出门。后来我发现这样行不通，因为我发现一路上都是我的声音，不断重复着："快点！"

于是，我和孩子们重新约定，早起十五分钟，七点四十分就可以出门。孩子们也终于自由了。到了楼下，他们可以奔跑追逐一阵；他们可以拿个包

子慢慢地边走边吃，吃完了再进校门；他们还可以停下来，观察新鲜的事物。节奏由他们来定。就像今天早上，我陪熊小弟上学，到了楼下花园，因为这段日子下了雨，草地上冒出了一朵蘑菇。我和熊小弟一起蹲下身子，仔细地去观察那株橙色的像小伞一样的蘑菇。看完了蘑菇，经过小操场时，有个叔叔独自在打球。那球我们都叫不上名字，有点像草地滚球，又有点像高尔夫。熊小弟一直站在那里看，直到他满足了，转了身，我才牵着他的手继续向幼儿园走去。

黄晓棠NLP观点：

一句话不断重复，就会变成催眠语言。如果我们天天称呼自己的孩子为“优秀的孩子”，那孩子长大以后，就真的会成为优秀的人。如果每天一起来，孩子听到的就是“快点”，那孩子就会每天感觉紧张、烦躁，对上学产生厌恶感。所以，当我意识到这一点之后，马上调整过来，让孩子们在上学路上充满欢声笑语，让他们感觉轻松自由，带着好心情去学校。

如何平复孩子的情绪

早晨，我叫醒熊小弟。熊小弟昨晚睡得不怎么好，整晚翻来翻去的。早晨叫醒后不太愿意起床，嘴里一直发出“嗯嗯”声。我跟他互动了几下，然后说我要进洗手间刷牙了。熊小弟马上哭闹起来：“我不要妈妈先刷牙，我不要你先刷牙！”我人已进了洗手间，想着熊小弟时不时用哭闹来控制我，我决定要让他知道妈妈是可以拒绝的，所以我就开始刷牙了。熊小弟一直哭，哭声没有丝毫减弱，直到我刷完牙还是那样。

我走出来安慰说：“怎么了？”

“我不要你先刷牙！”熊小弟强调地哭着说。

“你自己可以先不刷牙，但不能控制妈妈不刷牙。”我的第一反应就是讲道理。

“我不要你先刷牙！”熊小弟还是强调地哭闹着。

“妈妈的事情自己决定。”我坚持“教育”他。

“我不要你先刷牙！”熊小弟哭声还是那么大。多次的经验告诉我，跟孩子讲道理都是无力的。于是我改口说：“好了，妈妈听到了，我知道了。”

“呜……”孩子的哭声明显地减弱和改变了，就像心声被人听懂了，委屈得到了释放。“妈妈帮我擦眼泪。”孩子不再说不让我刷牙了。

“好的，妈妈听到了。”我再次表示理解他，并帮他擦眼泪。于是熊小弟慢慢就平复了情绪。

黄晓棠NLP观点：

孩子哭闹时说出的话，听起来都是蛮不讲理的，此时，如果妈妈表示听到了、听懂了，孩子就会感觉安全，情绪很快会平复。如果妈妈因孩子表面的要求跟他争执，孩子就会着急，情绪会越发高涨。所以，当孩子哭闹时，无论孩子说什么，妈妈都说“我听到了，我知道了”，先跟孩子共情，平复孩子的情绪。

孩子对奖励的反应出乎我的意料

今天，熊小弟的脚在游泳时受伤了，脚底裂了两条缝，还缝了几针。回到家，当熊小弟坐在马桶上拉尿时，熊大弟走进了洗手间，慰问弟弟道：“老弟，你的脚没事吧？”我在客厅吃饭，听到哥哥这么说，心里暖暖的。当熊大弟走出来时，我迫不及待地表扬哥哥：“你很关心弟弟，我听到你问弟弟的脚好不好，表扬你，奖励你 500 积分。你自己去那边的袋子拿 500 积分吧。”

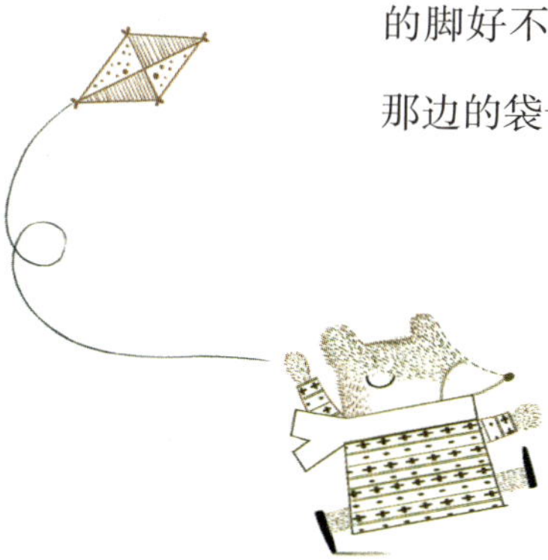

积分是我和两只小熊约定的奖励，当他们谁拿到5000积分时，就可以有一个愿望，这个愿望是指买一个玩具。谁知熊大弟肯定地回答我："不用了。"哥哥这个回答让我怔了一下，我突然感觉到我这个妈太"俗"了。

黄晓常NLP观点：

小孩子如果心理营养足够了，他的本性就是会关心他人的，成人有时候唯恐孩子不懂这样做，于是就千方百计设法"培养"孩子关心他人的习惯，包括用物质来鼓励孩子。这让本身简单、淳朴的爱复杂化了。孩子本身就有爱他人的能力，这种能力是由内而外的，无须依靠外在的东西去刺激或诱发。这让我醒悟，今天起我要启用赞美来代替物质的奖励，并且这种赞美是由衷的赞叹，最好不是为了鼓励孩子做什么而故意设计的赞美。

如何让孩子不觉察地受引导

我陪熊小弟吃早餐。早餐当中有菜汤，当时熊小弟只吃了一个煎蛋加一点粥，我想叫他也喝半碗菜汤。我盛了半碗菜汤，一边端到他跟前，一边说："这是你喜欢的菜汤，很甜的。"熊小弟端起来，就咕噜噜地喝下去了。喝完后，还有一根菜粘在碗边，熊小弟还用舌头把它钩到嘴里吃掉了。

吃完早餐，我按约定允许熊小弟看十五分钟电视。电视打开，熊小弟指着画面说："妈妈，梅花

鹿。”我一看，这个台播的是《动物世界》，这比看动画片有益多了，于是我顺着熊小弟的话，说：“噢，这个好看喔！太搞笑了，梅花鹿的角上还挂了一串叶子。”熊小弟就看这个《动物世界》看了十分钟。

黄晓棠NLP观点：

就像商场导购员引导客户买东西一样，妈妈也是孩子的“导购员”，妈妈说的话可以左右孩子。只是有部分妈妈喜欢说反话，例如想要孩子早点起床，却说：“你怎么老是这么晚？”对于妈妈的话，孩子是直直地接收的，不会拐个弯来分析妈妈想要的是什么。妈妈说我晚，我就相信我晚，妈妈说我怎么这么笨，我就相信我笨。所以，妈妈想要孩子做什么，请直接说出你想要的结果，并每次重复。重复多了，孩子就会用行为兑现。

如何让孩子做事专注、持久

晚饭的餐桌上，熊小弟在和爸爸玩“土豆丝”的游戏。熊小弟随意地放一根、两根或三根土豆丝在他的勺子上，然后把勺子盖在他的嘴唇上，让爸爸猜有几根。无论爸爸猜多少根，熊小弟都在勺子的掩盖下将土豆丝吃得精光，然后掀开说：“错，是零根！”并得意地哈哈大笑。玩了十来回，爸爸说不玩了，但是熊小弟依然兴致勃勃，要求爸爸继续跟他玩。爸爸应付式地又玩了一两回，就逃离餐

桌了，然后让我去跟熊小弟玩。我玩了几回也觉得挺累人的，就把这个差事推给了爷爷奶奶。我们每个成人都玩得很坚持，可是熊小弟却很享受整个过程，一点也不需要坚持。为什么熊小弟可以玩得这么专注和持久呢？

黄晓常 NLP 观点：

让孩子玩得专注而持久的秘密在于：兴趣。“土豆丝”这个游戏，熊小弟感觉充满了刺激感，熊小弟对它感兴趣。而这个游戏对成人来说太简单，成人不感兴趣。所以，成人玩得很坚持。家长经常抱怨孩子做事不够专心，这是因为孩子对这个事情不感兴趣，就像大人们在玩这个“土豆丝”游戏时一样。所以，解决专心之道，家长需要把事情变成游戏、变成比赛、变成谜语，总之要变得有趣。

如何让孩子心里踏实

我和熊爸爸的枕头是不一样的，爸爸的枕芯又矮又轻，我的又高又重，爸爸的枕头套是白色图案的，我的是蓝色图案的。

家里人洗了枕头套，晒干套枕头时，把我的和熊爸爸的枕头套调换了一下。我的蓝色枕头套里套进了爸爸的矮枕芯，他的白色枕头套里套进了我的高枕芯，那我要睡哪个好呢？我当然是按枕芯来选择啦！我才刚躺下，旁边的熊小弟马上就说："这是爸爸的枕头。"我尝试跟他解释，枕头还是我的，只是枕头套不一样而已。解释完了，熊小弟还是用手推开这个枕头，在他眼里这就是老爸的枕头。我

再解释，可是越解释熊小弟越蒙，他呆呆地坐在我旁边，脑袋运转不过来了。我想今晚如果就这样睡的话，熊小弟心里一定不踏实。于是，我赶紧把两个枕头套取下来，重新装回了正确的枕芯。

黄晓棠 NLP 观点：

七岁以下的孩子，用的是感官学习。孩子看到什么就是什么，他很难思考外面看到的不重要，里面包着的才重要。孩子要到了七岁以上，才会慢慢发展逻辑思维。所以，针对七岁以下的孩子，妈妈要懂得孩子感官的学习特点。

如何让孩子不怕动物

我和熊小弟去动物园，动物园里有个动物幼儿园，可以给小骆驼、小马、小羊喂草，还可以给小猪喂奶。我们买了一小捆长长的草。我示范给熊小弟看，要他像我一样用手喂给骆驼吃。可是无论我怎么示范，熊小弟都拒绝用手拿着喂，而是远远地把草扔进围栏给骆驼吃。我认为这样太浪费了，还不好玩，于是继续游说熊小弟：“骆驼只是想吃草，它不会吃你的手的，像妈妈这样喂吧。”结果，当

然是徒劳无功。到了给小猪喂奶，我想让熊小弟用手握着奶瓶，把奶嘴塞到小猪的嘴巴里喂。可是熊小弟更喜欢把奶瓶举得高高的，从上面滴奶下来，滴到地上给小猪舔。但我发现熊小弟虽然只是扔草和滴奶，却玩得非常兴奋。反而，当我要熊小弟用手拿着奶瓶给小猪喂奶时候，他很害怕，很抗拒，很生气。这个现象让我又醒悟到了什么，于是我让孩子自由地去探索了。

黄晓棠 NLP 观点：

成人有成人的角度，孩子有孩子的角度。成人身材魁梧高大，又接触过无数次的牛羊马，当然知道这些动物只吃草，不吃人。但这仅代表成人的角度。孩子身材矮小，这些动物都比他们高大许多，而且孩子接触它们的次数肯定没有成人多，所以孩子会对它们产生害怕的感觉。从远到近，孩子需要时间去熟悉，去探索。

如何知道孩子生命力旺不旺盛

暑假到了，小熊的堂哥和堂弟要来我们家小住一段时间。两只小熊可开心了，天天和他们一起玩。熊大弟特别喜欢和堂哥一起。例如原本说好要去图书馆的，堂哥说要去工厂，熊大弟马上改口，说也要去工厂。对堂弟呢？熊大弟表现出来的是满满的疼爱和关怀。早上吃早餐，熊大弟盛了一碗粥，还从盘子里夹了几块鸡蛋，一边端给堂弟一边用变调的家乡话说：“凯凯，这是你的。”白天出去玩，

外面下着小雨，熊大弟特意挑了一把最大的雨伞，费力地打开后跟堂弟说："凯凯，到哥哥这里来。"过马路时，熊大弟也不忘牵着凯凯的手，表现得像一个慈爱的妈妈。

黄晓棠NLP观点：

与人联结和爱的能力，都是萨提亚心理学里"生命力"的呈现。如果一个孩子独立自主、安全感足够、充满爱的能力、价值感高，以及喜欢与人联结，就说明这个孩子的生命力是旺盛的，也说明妈妈养育得好。所以，家长多观察孩子在这五个方面的表现，就可知道自己在哪方面做得不错，哪方面还需要改善。

为何孩子十问九不答?

我、熊爸爸和两只小熊出去买东西，在一个档口前，熊大弟和熊小弟各拿着一包饼干，边吃边玩。突然，熊大弟“哇”的一声大哭起来，我们一看，熊大弟的脸撞上了栏杆，鼻根都红肿了。熊爸爸和我心疼极了，又觉得生气，他长这么大了还磕磕碰碰的。我们两个你一嘴我一舌地盘问熊大弟：“为什么会碰到栏杆的？”“为什么栏杆这么明显还看不到？”“是不是顾着吃饼干忘了看路？”“刚才

是怎么碰到的？”可是，无论我们怎么问，熊大弟就只是低着头擦眼泪，一声不吭。我突然醒悟到什么，气马上消了，也先安静了下来。然后我只是心疼地摸了摸熊大弟的头，不再说他了。

黄晓棠 NLP 观点：

熊大弟一声不吭，不是因为他不疼，不是因为他不知道是如何碰着的，也不是因为他不会表达，而是因为他感觉不安全。他知道无论他说什么，只会引来更多的责备。此刻的信息告诉他，表达信息是不安全的。领悟到这一点后，熊妈妈马上修正了做法。孩子本来肉体上就痛，家长如果还增加他心里的不安和愧疚，就等于增加他心灵的痛。所以，熊妈妈摸摸熊大弟的头，表示妈妈理解他的痛，这就足够了。

允许孩子笑着学习

熊大弟和他的同学，在我们家里，一人拿着一把弓箭，在墙上贴了一张纸箭靶，玩起了射箭游戏。他们自己还制定了一些有趣的规则。例如熊小弟坐在箭靶旁边，他们就说射中了熊小弟算几分，射在地上又可以算几分。达成一致后两个人兴致勃勃地赛起来，每次分数都和上一次的累加。几轮下来，两人分数都越来越高，熊大弟到了260分时，又射了个50分，数字有点大，熊大弟就跑过来问我，

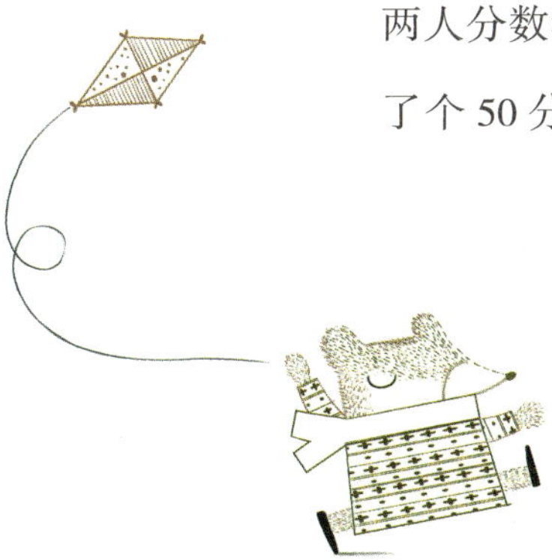

260分和50分加起来是几分。我半躺在沙发上，信任地反问熊大弟说："你说呢？"熊大弟学过珠心算，这点算术对他来说是可以胜任的。熊大弟接收到我信任的眼神，马上转起了眼珠，念起了珠心算的口诀，很快就算出了答案。获知是310分后，熊大弟为自己突破了300分兴奋不已，加上算出分数的成就感，熊大弟高兴得蹦蹦跳跳起来。

黄晓棠NLP观点：

学习的机会无处不在。学习不一定要端端正正、安安静静地坐在书桌前，面对着课本。NLP心理学说，高情绪度下的学习，更有效果。孩子在玩耍的时候，最兴奋，最投入，情绪度最高。家长如果此刻植入一些学习的元素，便可一举多得。智慧的家长不妨允许孩子"笑着学习"。

如何提升孩子的观察力

我带熊大弟和堂哥去玩投币游戏。路过一家餐厅，看到这家餐厅门口立着一个易拉宝，上面有二三十张饭菜的图片。我想起一个有趣的游戏，就停下脚步跟熊大弟和堂哥说：“你们随便看这些图片，看多久都可以。看好了就转过身，我考你们一个问题，谁先答中就可奖励一个游戏币。”熊大弟看了一会儿，就说看完了，堂哥还在仔细地看。熊大弟看堂哥那么认真，他也仔细地再看了一会儿。两个人都看完后就转过身，背对着易拉宝，谁也不可再看。我问：“刚才图片中有一杯饮料，请问吸管是什么颜色的呢？”堂哥答：“蓝色。”熊大弟答：“红色和白色。”我让他们转身看答案，是绿色，没人答对。虽然没答对，但这个小小的挑战已点燃两个人的兴趣。我让他们再看一会儿，然后转身，又问：“图片中有一碟西瓜，请问有几块呢？”堂哥答：“三块。”熊大弟答：“六块。”熊大弟答对了！他高兴得手舞足蹈，一路蹦着跳着欢呼着，直到玩游戏的地方。

黄晓棠NLP观点：

NLP心理学有个知识点叫“内感官”，就是大脑里面的听觉、视觉和感觉。内视觉就是闭着眼睛都能看到的画面。一个人越会善用内感官，记忆力就越强。上面这个游戏就是锻炼孩子的观察力和内视觉的运用。孩子在上学学习的过程中常要用到大量的观察力和内视觉。例如抄写课文，孩子需要看一眼左边的课文“春天来了”，再运用内视觉在右边的本子上写上“春天来了”。观察力敏锐和内视觉强的孩子，只须看一遍就记住了。相反，这方面弱的孩子，需要来来回回看几遍，才能把“春天来了”写完。所以，家长可以常玩类似的游戏，帮孩子提升学习能力。

如何培养成功卓越的孩子

熊大弟买了两个百变魔尺玩具，长一点的给堂哥玩，短一点的给自己玩。堂哥心灵手巧，会扭各种有创意的形状。熊爸爸觉得好看，建议我拍下来放到网络上。于是，我拿个手机给堂哥自己拍。熊大弟见到堂哥这样做，他也扭了个形状，然后说：“妈妈你看。”我一看是个简单的形状，谈不上特别。可是我却对熊大弟点点头说：“可以拍到手机里呀。”熊大弟得意地拿手机拍了照，然后又兴致

勃勃地扭起魔尺。很快，他又扭了一个形状，也不算特别。熊大弟又说：“妈妈你看。”我看了一下，赞赏地对坐在旁边的熊爸爸说：“俊杰也会创作了。”熊大弟开心地拿手机拍完照，又开心地扭起魔尺来，继续认真创作各种各样的形状。

黄晓棠NLP观点：

孩子是先优秀，再得到父母赞赏的，还是父母先赞赏，孩子再变得优秀的呢？科学家曾做过一个实验，叫作“毕马龙效应”。一个新来的老师被告知要教一个优等班，老师怀着兴奋积极的心情教导这班学生。后来，老师被告知还要教一个班，是学校的差等班，老师怀着不情愿消极的心态去教这班学生。结果一个学期下来，优等班的平均成绩比差等班高出很多。可是，所谓的“优等班”和“差等班”只是当初科学家随机分配的两组学生而已。所以，父母想要培养出成功卓越的孩子，就要先用成功卓越的眼光看孩子。

如何保护孩子的创造力

我、两只小熊和他们的堂哥，坐在出租车上，要去公园骑自行车。路上，熊大弟指着窗外，对堂哥说："你看，飞火机车！"我一听，好奇怪的车名，没有听过。于是，我和堂哥都好奇地往熊大弟指的方向看去。一看，原来是"飞机票，火车票"的广告语。两排字是竖着写的，熊大弟把它们横着读，并且只读出他认识的四个字，就变成"飞火机车"了，我们顿时都大笑起来，并顺着他的读法，把全部字

都读出来："飞火机车票票！"我们觉得巨押韵的，就全部人你一句我一句地念："飞火机车票票。"我还问熊大弟："这是你的车吗？你的车是不是又能飞，又能喷火？"我顺着熊大弟的思维，鼓励他继续创造。

黄晓棠NLP观点：

成人的思维，如果从小没有得到创意的保护，不知不觉中形成了许多条条框框。如果是熊妈妈先读到那六个字，就会按规矩读成"飞机票，火车票"。理解了意义之后，就不会再尝试新的读法了。孩子呢？他们的思维是无边界的，所以他们总能看到许多新鲜的角度，总能有许多新鲜的概念冒出来。这时，家长不要把自己的条条框框套在孩子身上，例如说："你读错了，应该竖着读，是'飞机票，火车票'。"这样，明天的爱因斯坦可能就不再出现了，明天只会多出一个规矩刻板的普通人。所以，碰到孩子的创意，家长可以像熊妈妈一样，先认同孩子，和孩子一样觉得新鲜有趣。然后，顺着孩子的思维，和他一起继续无边际地探索。

如何保护孩子的探险精神

我和两只小熊要从番禺去广州市区，需要先打车，然后坐地铁，然后再打车。熊小弟说要带他的滑板车去，我犹豫了一下，见滑板车小小的，又轻巧，就答应了。熊大弟骑上他的自行车，说要带自行车去。我有点为难了："我们要去坐地铁，确定要骑自行车去吗？"熊大弟肯定地说要。熊小弟见状，把滑板车搁到一边，也骑上自己的自行车，说要骑车去。于是，我们三个人就带着两辆自行车出发了。在地

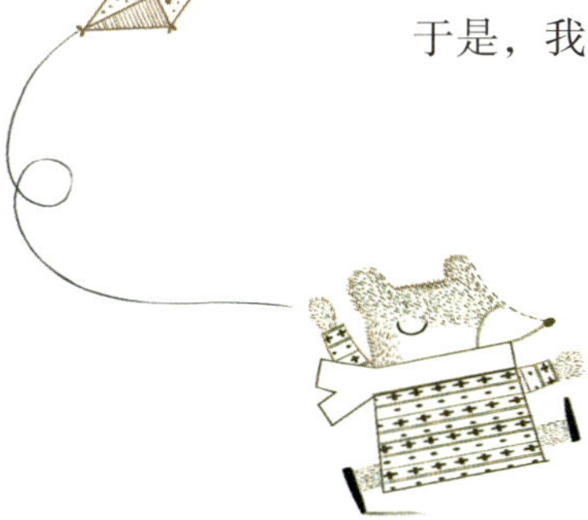

铁站等地铁时，他们各自扶着一辆车，安静地在黄线外等车，我忍不住帮他们照了一张相。这阵容也太酷了，我满意地看着两只坚忍不拔，英姿飒爽的小熊。

黄晓棠 NLP 观点：

人的品格和精神，早就在童年时期埋下了，孩子与生俱来就具有探索和冒险的精神。如果这种精神得到家长的保护，而不是被家长以“麻烦”“危险”等理由打压掉，那么这种精神就会陪伴着孩子长大，成人以后也是一个勇于冒险的人。鼓励家长适当地带着孩子去“探险”，例如下雨天允许孩子在小区花园里骑自行车，让孩子体验一下什么叫“风雨无阻”。当然，探险的前提是要孩子感兴趣，同时有家长的陪伴，在确保安全的情况下进行。

如何让孩子更听话

吃完晚饭，我和熊爸爸去散步。回家的路上，我们在一家理发店看见熊大弟在陪爷爷剪头发。熊大弟手里拿着一瓶柠檬茶饮料。等爷爷剪完头发，我们四个人一起回家。路上无意中我们谈到熊大弟手中的饮料。爷爷说熊大弟一出来就要求买这瓶柠檬茶，看来这是熊大弟喜欢喝的。熊爸爸强调喝饮料不健康，饮料都是色素调的，喝了对身体不好。这时我想起家里有几个橙子就问熊大弟：“我们回家榨橙汁喝，橙汁又冰又新鲜，这饮料不喝了好不好？”熊大弟举起饮料，用眼神示意我他要把饮料扔进旁边的垃圾桶。我对他点点头，他就“嗖”的

一下扔下去了，动作干脆利落，丝毫没有留恋的意思。我被孩子的顺从感动了，同时也享受到了教育的成果。究竟是什么样的教育，让孩子如此顺从家长的建议呢？

黄晓棠NLP观点：

只有顺从的家长，才能培养出顺从的孩子。相反，一个大小事情都操控孩子的家长，只能培养出一个叛逆，和家长唱反调的孩子，因为孩子要争权利。熊妈妈平时在生活上，只要不造成生命危险的，或是对身体有伤害的，都尝试给两只小熊自己做主。可能是熊妈妈平时"听话"多了，所以熊大弟也特别愿意听话，碰到妈妈说不行的，就不跟妈妈较劲，而是选择顺从。原来让孩子听话的秘密就是父母先"听话"。

孩子玩大了怎么办

熊大弟刚洗完澡，还没穿衣服，就说要拉臭臭。几分钟后，熊大弟光着身子出来了。他一出来就跟我说："妈妈，我刚才不小心把弟弟的衣服扔马桶里了，我现在已经把它捞起来了。"我边听边想象画面，恶心极了。我把头探进洗手间，果然见到熊小弟的衣服放在装衣服的桶里面，上面还粘着几张白色的厕纸！我的火噌噌往上冒，质问熊大弟是怎样"不小心"将衣服扔马桶里的。熊大弟没回答。

见到他这个样子，我觉察地就此打住，转换做法，先让熊大弟穿上衣服，以免着凉，再让他进去把纸巾扔马桶里冲掉，把衣服洗干净，熊大弟像士兵接到命令一样地说："噢，是！"马上就进去清理现场了。不到一分钟，他就把所有东西搞好，干干净净地出来了。

黄晓棠NLP观点：

孩子做错事，或者把事情搞大了，他自己是知道错的，家长无须用责备来提醒他。如果家长此刻责备孩子，只会令孩子有负罪感，讨厌自己，也讨厌家长羞辱他。比较好的做法是让孩子自己收拾现场，让孩子为自己闯的祸负责任，也培养孩子的动手能力。如果孩子真的做错事，他会万分配合地把现场搞好的，因为他心里也知道自己错了。

如何让孩子主动洗澡

我和两只小熊以及他们的堂哥在客厅玩UNO牌。玩了两局后，我站起来，说：“我要去洗澡了，因为我两局都赢了。你们继续玩，谁赢了就可以先去洗澡。”我洗完澡，堂哥就跑过来，报告说：“他们两个要再斗一局，因为我要去洗澡了，我赢了。”我说：“很好！那你先去洗吧。”堂哥就去另一个洗手间洗澡了。我开始刷牙，刷牙时熊大弟高兴地小跑进来，说：“我要洗澡咯，我赢咯。”一边说

一边高兴地脱衣服。我停下手中的牙刷，重复熊大弟的话："你可以洗澡啦？你赢啦？"熊大弟说是，我对他微笑地点了点头，表示赞许。熊大弟刚脱完衣服开始洗澡，熊小弟也开心地从走廊跑过来边欢呼道："我赢了爸爸啰，我可以洗澡啰！"

我故作惊讶地问他："你也可以洗澡啦？你也赢啦？"熊小弟自豪地回答："是啊。"他也开始脱衣洗澡了。

黄晓常NLP观点：

熊妈妈把洗澡跟赢牌组合起来。赢牌时孩子是开心的，自信的。熊妈妈把洗澡变成一种资格，一种胜利品，只有胜利的人才有资格洗澡。所以，孩子对洗澡就有了正面的感觉，就不抗拒洗澡了。相反，如果妈妈说输的那个人就要去洗澡，把洗澡变成一种惩罚，跟令人气馁的输牌捆绑在一起，孩子就会憎恨洗澡，就不愿意去了。

妈妈如何做一致性的表达

晚上十点多，熄了灯，熊大弟躺上他的床跟我说：“妈妈，我想喝一杯牛奶。”上了一天的课，此刻我已经很累，躺在床上不想动弹了，不想起来帮他倒开水，于是我脱口而出说：“今晚你已经吃得很饱了，不要再喝牛奶了。”熊大弟也顺从，起身出去喝了点温水，就进来睡觉了。过后我反省，对于孩子的要求，我没有做一致性的表达。饿不饿、饱不饱是孩子的感受，我没有权力帮他决定他饱还

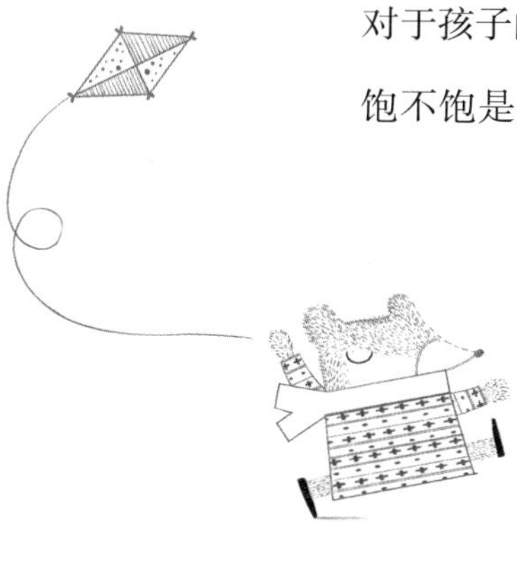

是不饱，真相是我自己很累，不想起床帮他倒开水，这是我的问题，不是孩子的问题，所以下次，我更好的表达方法应该是如实地表达我自己的感受和期待。例如说："妈妈知道你想喝牛奶，只是妈妈感觉很累，没办法帮你倒开水，今晚可不可以不喝？这样妈妈就能更好地休息了。"

黄晓常NLP观点：

一致性的沟通是不控制，不讲大道理的，同时也是不委屈自己的。妈妈对孩子做一致性沟通，是为了让孩子明白妈妈此刻的状态，而不是为了找个理由控制孩子，熊妈妈刚开始说"你已经很饱了"，就意味着"你不应该再吃任何东西了"。这实质就是找了一个理由控制孩子不要喝牛奶。后来妈妈的反省才是真实表达自己的状态和感受，并说出自己的期待。这样孩子就明白是妈妈不能帮忙，而不是质疑自己饿不饿，也不会因为妈妈不相信他饿而对妈妈产生抗拒。

孩子做了“坏事”会跟你说吗?

两只小熊和两个比他们大几岁的哥哥在小区花园里骑自行车，我在三楼阳台准备一边看书一边看着他们。有电话来，我接了一会儿手机，挂断后我发现花园静悄悄的，他们全不见了踪影。我告诉自己没事的，于是静坐着等他们回来。过了好一会儿，他们终于出现了，我放心了，站在阳台上朝熊大弟喊道：“刚才你们去哪里了？”

“我们骑到篮球场那边了。”熊大弟回喊道。

“你骑到有车那边去，我担心。”篮球场那边有汽车进出，我平时交代他不要骑去那边。

“有车的话我们会避开，会骑到一边去的。”

熊大弟叫我放心。

“哦。”我一边回应他，一边有点小担心，同时也高兴熊大弟做了我平时不允许的“坏事”，还敢跟我说，而不是骗我说是在下面玩。

二十多分钟后，我又发现他们好一会儿没出现了。为了安全起见，我还是下去篮球场那边看看。还没到球场，就远远看到他们一个个骑着车走了。

我经过球场，发现刚下了雨，里面有好大一摊水。熊大弟回头看见了我，兴奋地骑过来告诉我说：“妈妈，我们刚才骑水，在水里面飘移，你看我后面衣服全湿了。”

我说：“我看见了，里面看上去好好玩，你们要不要再去玩一下？”

我很高兴熊大弟做了调皮事还敢跟我分享，这说明我是一个安全的妈妈。

黄晓棠 NLP 观点：

孩子做了“坏事”如果不敢说，选择撒谎来保护自己，说明说真话的结果，不是引来家长的责备，就是引来一堆道理。只有孩子感觉家长是安全的，即便做错事也不会带来责骂，孩子才愿意跟家长分享他做过的错事。

碰到问题，下一步做什么？

我带熊大弟去医院拔牙，到医院已是十点多。挂号时被告知号已挂满了，要改时间再来。我顿时泄了气，拖着熊大弟的手边走边抱怨说：“我都说了要早点来啦，晚来就是这种结果！”话说出口突然觉得有点不对。我自言自语，我不是学过心理学的妈妈吗？能不能正面一点，给孩子做个好榜样？于是，我想了一下，跟熊大弟说：“我们一起来想一下，怎么样才能看上医生，好不好？”

熊大弟说：“明天再来啰！”

我说：“好，这确实是一个好办法，还有呢？”

熊大弟在思考。我建议说，我们要不去问问医生能不能加号吧？于是，我和熊大弟走到口腔科，逐个房间走进去，问医生能不能加号。共有十几个口腔科医生在就诊，我们才问到第三个，就有医生给我们加号了。我为此感到喜悦，不仅是因为可以看到医生，更是因为我们正面的想法让我们成功了。

黄晓棠NLP观点：

心理学说，凡事都有三个以上的解决方法。碰到问题，满口的抱怨并不能帮我们解决问题。更好的做法是自问：我不要问题，那我要的是什么？例如熊妈妈不要白走一趟，那她要的就是看到医生。第二步是自问：如何才能达到我想要的？例如熊妈妈问，要看到医生，都有什么方法？熊妈妈在孩子面前示范了一个负面转正面的方法，做了一个好榜样。

如何让孩子不痴迷于电视

两只小熊一睡醒就找电视看，在电视面前一坐就是一个小时，看了一个小时电视还拿我的手机看。我们的约定——每天看三集动画片，没有被重视。我大声地跟他们说：“我很生气！我们说好了每天看三集的，你们都不遵守！”一边说，我一边生气地拿掉手机，然后坐在沙发上生闷气。两只小熊也呆坐在沙发上，他们知道自己不对，但又不知道要做什么好。在这寂静的一刻，我醒悟到了什么，于

是叫熊大弟去晾衣服。由于我是生气地带命令式的，熊大弟就听从地去做了。很快，熊大弟就自娱自乐地投入了新工作。他把一只袜子套在衣架的一边，把另一只袜子套在另一边，还得意地展示给我看他晾袜子的方法。我马上被熊大弟的创意逗笑了，我们家从未这样晾过袜子，都是夹在夹子上晾的。熊大弟从我的笑脸中读到了赞赏，就更快乐地继续晾衣服了。熊小弟也受到了感染，跑过来凑热闹一起晾衣服。我们三个人快快乐乐地把衣服晾完了。

黄晓棠NLP观点：

孩子沉迷电视，往往是因为他生活中，可以选择要做的事太少。有些家长不让孩子碰家务，也不让孩子凭自己的兴趣选择课外活动，孩子感觉无事可做，就会选择看电视。所以，家长可做的就是协助孩子，丰富他的生活。观察孩子的兴趣，赋予孩子自由选择的权利，让孩子认识到，除了电视以外，他还可以有许多有趣的选择。

孩子闹不要上学，家长的心情如何？

今天是幼儿园开学第四天，熊小弟和我一起上幼儿园。在校门口，给医生老师检查后，就来到操场他们班活动的地方。放下书包，老师来迎接。熊小弟此时用手紧紧地箍着我的脖子，开始哭，说：“妈妈陪我。”两个老师来劝他。我用点力把熊小弟的手掰开，在他耳边说今天按照我们的约定来接他，然后就把他交给老师，我转身走了。

面对熊小弟的哭闹，我的心情是坦然的。我清楚我离开后，熊小弟在校表现正常，包括正常参与活动，正常吃饭，昨天老师说还添了饭呢！回家后也没有异样的情绪，而是跟往常一样，和哥哥玩得很疯。这说明熊小弟只是在和我分离那一刻有点难过，这是正常的。

老师说昨天爸爸送孩子上学，熊小弟表现得“很棒”，意思是没有哭闹。我很开心我的孩子社会化发展得很好。他知道跟什么人在一起，可以有什么样的表现。平时爸爸比较凶，两只小熊在爸爸面前比较“有分寸”；妈妈比较温和，在妈妈面前比较“肆无忌惮”。这些都是可以的，没有绝对的好坏。今天熊小弟就不要爸爸送他上学，可能他知道在爸爸面前不可以哭闹，心里难受又憋得慌。

其实比起第一天上学，熊小弟已有明显的进步。今天，到校门口是好好的，到了操场放下书包也是好好的。也没有说不要上学了，只是要妈妈陪他。我相信一两个星期后，熊小弟就又习惯上学的生活了。

黄晓棠NLP观点：

幼儿经过暑假，刚上学跟妈妈分离，难过是正常的。家长只需要观察孩子回家后，情绪有没有异样，就可了解孩子是分离难过，还是分离焦虑了。如果孩子回家后有许多情绪，家长就要考虑，孩子是不是没有做好分离的准备。家长要留意自己有没有过于焦虑，夫妻关系是否和谐，平时有没有允许孩子自己做一些力所能及的事。这三件事做好了，孩子才有足够的安全感，支持自己与妈妈的分离。

父母心口不一的结果

熊大弟自从上小学以后，每天中午回家吃饭、休息。午休时间总共两个半小时，除去来回接送和吃饭时间，真正的午睡时间所剩无几。所以，每天我都像赶鸭子似的，不断催促熊大弟：“快点吃饭！快点上床！”

有一天，堂妹来我们家吃午饭。熊大弟很喜欢跟她玩，迟迟不肯上床睡觉。在我的威迫下上了床，还跟我提要求，要我早点叫醒他，好跟堂妹再玩一会。我说：“可以呀，我提前十分钟叫你。”谁知道熊大弟抗议：“不要！我要你一点钟就叫我！”一点钟？还有十五分钟就一点了，这还叫睡午觉吗？

我心里马上有声音反对。同时，我心里又有声音说，这不是哄他睡觉的好方法吗？我先答应他，他一睡着就不会起来的了，就会一直睡到一点半了。于是，我就随口答应熊大弟，说一点钟会叫他。

果然，熊大弟一睡就睡到了一点半。我叫醒他后，他发现不是一点钟，就委屈得哭起来，边哭边埋怨："你说话不算数。明明我是说要一点钟起床的，你就是没叫我！"熊大弟说什么也不愿穿鞋子上学，就只坐在沙发上不断埋怨我，样子看上去很伤心。我由此深深反省，家长不可以随意忽悠孩子。下次碰到类似情况，我要寻找更好的解决方法，前提是一定要心口如一。

黄晓棠NLP观点：

家长心口不一，给孩子带来的负面影响是可深可浅的。孩子懂得说妈妈说话不算数，代表孩子已懂得分析，是妈妈不对，不是他自己的错，这代表给孩子带来的影响还算浅。小一点的孩子，想不明白为何妈妈说的跟妈妈做的是不一样的。孩子最后就把原因归到自己身上，心想一定是自己愚蠢，才会搞不明白妈妈说的和做的不一样。这样，孩子就变得不自信。这个后果是严重的。所以，妈妈跟孩子沟通，首要条件是保持心口一致，其次才是想办法减少与孩子的正面冲突。

谁先洗澡那点事

晚上九点多了，熊爸爸问熊大弟和熊小弟谁先洗澡。熊大弟说："弟弟先洗。"熊小弟说："哥哥先洗。"两兄弟都想后洗。在熊爸爸发火之前，我抢先说："谁也不可以先洗，我先洗。"于是，我就带头洗澡去了。

我洗完澡出来，两只小熊在房间玩耍。我故意当着他们的面，大声呼喊在客厅的爸爸："老爸洗澡啦。谁也不可以先洗，老爸先洗。"熊小弟好奇地问："为什么老爸先洗，我不可以先洗？"我暗暗偷笑，我布的局有点效果了。我走到客厅，熊爸爸正躺在沙发上闭目养神，听到我叫他洗澡，马上抵抗说："都十点了，还不叫他们去洗澡！"我压低声音，对熊爸爸说："快去洗澡，身体带动才有效果！"熊爸爸有点不情愿地配合了。

熊爸爸快洗完时，我叫两只小熊来客厅喝感冒冲剂，他们这两天有点小感冒。喝药的时候，我说："你们谁先喝完，就有资格先洗澡。"熊大弟"咕咕"两下就喝完了。我愉悦地说："恭喜你，你可以先洗澡了！"说完，半带半推地把熊大弟送进洗手间。熊大弟有点摸不着头脑，但也顺从地脱衣服洗澡了。

黄晓棠 NLP 观点：

一般的家长都是让孩子先洗澡，自己最后才洗。如果孩子不愿意，家长还会呼喝孩子马上去洗。这犯了沟通的两大错误。第一是忘了身体带动比口头语言更有威力。家长口头上要求孩子洗澡，自己却不先带动去洗澡。孩子看到了，模仿的当然是父母做的，而不是父母说的。第二是给洗澡定了个讨厌的意义。孩子看到父母迟迟不去洗澡，当孩子不去洗时，父母还会发火，这就让人觉得洗澡是令人讨厌的。不知不觉，孩子就会讨厌洗澡。当孩子讨厌洗澡时，家长就会发更大的火，从此进入一个恶性循环。

所以，更有效的做法是，父母要以身体带动，自己先去洗澡。同时，要把洗澡塑造成有趣的、人人抢着做的事情。

父母让自己快速冷静下来的好方法是什么？

蒙眬中听到熊爸爸手机闹铃响起，我一跃坐起来。熊爸爸闹铃响，代表已经是早上 7 点 15 分了。我的手机明明调了 6 点 45 分，怎么没有响呢？我跑去客厅一看，原来昨晚我忘记充电了，手机躺在包包里，关了机。我赶忙叫熊大弟起床，今天熊大弟要去学校值日，他必须在 7 点 45 分前到达课室，现在只剩不到半小时了。

我用手拍熊大弟的腿，熊大弟还没睡醒，他不情愿地抓紧被子，不愿起来。平时我会给他几分钟的缓冲时间，让他慢慢醒。今天一急就拖他双腿把他拉下床。熊大弟哭闹起来，在我的威迫下进了洗手间。熊大弟哭着要我帮他刷牙，我心里着急，粗暴地帮他刷。见他哭哭啼啼嘴巴又没张大，就吼了他一顿。接着熊大弟又要我帮他擦脸，我自顾自地刷牙，命令他自己去擦。结果他就在洗手间门口赖着，一直哭着要我帮他擦。我又急又气，恨不得刮他两巴掌。擦完脸来到客厅，熊大弟又呆坐在沙发上，完全没有按照我的命令赶紧吃早餐。嘶吼一顿后，出门时间已到了，熊大弟还在慢慢地吃他的半碗通心粉。我实在等不下去了，咬着牙告诉他我先下去把电动车开出来，让他吃完自己背书包下来。

到了楼下，我开始冷静下来，并觉察到我刚才太疯了。我一步一步推敲：为何我要这样粗暴对待熊大弟呢？因为我心急。为何我心这么急呢？因为我想他准时到达学校。为何要他准时呢？因为想让他有个好学生的形象。为何要他有好学生形象呢？因为这代表我是个好家长。噢，不只是个好家长，更代表我是个好的亲子导师。熊大弟的班主任知道我是亲子导师，原来我这样对待熊大弟，是为了维护我亲子导师的良好形象！我深深吸了一口气，明白了我这样做背后真正的动机，并开始反省，我的形象是不是只能透过这个途径来建立呢？如果有其他更好的方法，是什么呢？

黄晓棠 NLP 观点：

当家长气在心头时，“抽离”是个比较好的方法，可以让自己冷静下来。离开现场是比较容易做到的抽离方式。就像熊妈妈一样，在家里时，处于一个结合的状态，一心只想快点送熊大弟去学校，看不见自己凶狠的面孔，听不见自己嘶吼的声音，也没觉察熊大弟痛苦恐惧的表情，更不能分析为何自己这么紧张、失控。当离开家、抽离现场之后，熊妈妈以一个观察者的身份，就像在看回播的录像带一样，看到了刚才自己和孩子互动的情形。观察者的身份，让熊妈妈变得冷静，多了一份智慧。

比成绩更重要的是什么？

熊大弟上小学到现在刚好一个月。作业方面，熊大弟不算做得工整，甚至老师有一次打电话来，反映他的语文拼音写得乱糟糟的。熊大弟是上了小学才首次接触拼音的，我们没有在幼儿园阶段提前教他，所以，我心里明白他要从第一张最丑陋的小板凳捏起，慢慢进步。

我最欣赏的是熊大弟想要学好的那颗心。昨天晚上，我给熊大弟听写声母，发现他总是混淆b、p、d、

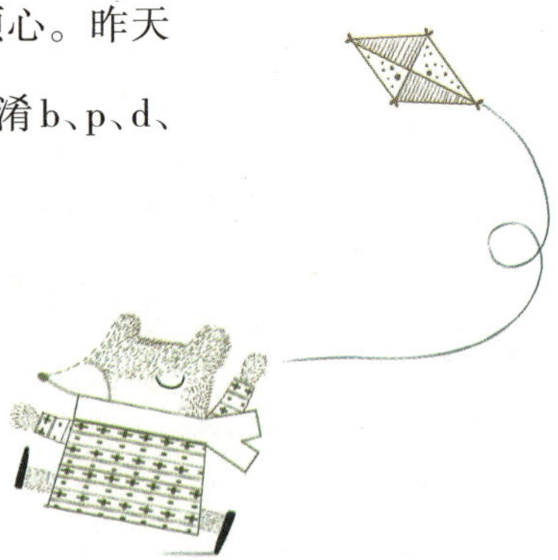

t。这几个声母不是样子很像，就是读音很像。我们花了两个小时一起克服混淆的问题。我们试了好几个方法都不行。例如尝试用口诀“左d右b”来区分，却发现熊大弟对“左右”有时候也有点弄不清，所以这个方法行不通。我们也尝试用图像记忆“大屁股d，大肚子b”，效果也不是很佳。也用了谐音“p是上坡，骑自行车要上坡，所以p的圆是在上面的”，还是不行。过程中我发过火，羞辱过熊大弟，也流露过迷茫的眼神，熊大弟也随着我烦躁、难过、迷茫。最后我想，一定有适合熊大弟的方法。我清楚熊大弟是阳光型的孩子，他最在乎的是关系，平时他对堂弟堂妹都照顾得无微不至。所以我把b、p、d、t变成四个小朋友，角色代入，一个一个向熊大弟介绍说：“我是b，我想跟你做好朋友。你一定要记得我喔，如果你认不出我，我会很难过的。”我观察到熊大弟打起十二分精神认识它们，他最不想让好朋友难过了。逐个介绍完之后，统一听写，这次很欣慰，熊大弟记住了它们！从八点到十点，我们花了整整两个小时听写十九个声、韵母，主要是认识这四个好朋友。为了弄清它们，熊大弟一直精神着，我要求他听写几遍，他就写几遍。结果我们写了满满两页纸，擦掉重写的那些还不算呢！

黄晓棠NLP观点：

小孩子首次接触一个新的事物，这个事物对孩子来说，意义是中立的。家长可以左右孩子对这个新事物的认知。例如，孩子首次见到老鼠，如果家长表现出“没什么”的表情，孩子也就认识到老鼠“没什么”；如果家长反应夸张，尖叫“啊，老鼠，好可怕！”在一旁的孩子就会学习到老鼠是可怕的。作业也是一样的道理，如果孩子碰到困难，旁边的妈妈说：“你像你老爸那么笨，几个拼音都读不好。”孩子会习得什么呢？“我不可能学好。”如果妈妈抱着一种总有办法学好的心态，孩子会习得什么呢？“我总有办法学好的。”所以，孩子小的时候，家长应尽量以积极正面的心态对待身边的事物。

如何应对孩子不吃早餐

放假了，没有了时间压力，两只小熊起床后迟迟不吃早餐。我这个熊妈妈要想想办法了。两只小熊说要去公司拿快递，我前几天帮他们订的玩具今天送到了公司。我趁机说：“好呀，那赶快吃完早餐，我们就去拿。”可是，话已经说了好一会了，也不见谁端起碗来，可见口头语言是多么薄弱，看来我要用身体带动了。我带头拿起一个空碗，用勺子舀意粉进去。我故意把一块大大黄黄的鸡蛋放在碗的最上面。熊小弟正在旁边，两手捧着刷牙杯。我把碗递到他面前，见到我要把碗递过来，熊小弟条件反射地拒绝：“我不要吃——”“吃”字还没有完全说出来，见到金黄金黄的鸡蛋，熊小弟把“吃”字吞了回去，双手接住碗，赶紧刷完牙吃他的早餐去了。

熊大弟比较顽固，看到弟弟在吃，他还是不吃。我威迫他说：“那我和弟弟去拿快递，你在家里咯。”熊大弟马上大声反抗：“不可以！我不用吃早餐，我选择不吃！”我不想和熊大弟争执下去，已做好让他体验饿肚子的准备。我坐在沙发上吃我的鸡蛋意粉。熊大弟在沙发上玩。碗里剩最后一块鸡蛋，正好熊大弟在我身旁，我夹起鸡蛋，送到他嘴边说：“请你吃一块美味的鸡蛋。”熊大弟张大嘴巴，把鸡蛋吃了进去。这一吃，我就知道鸡蛋的香味已刺激了他的味蕾，激起了他的食欲。

黄晓棠NLP观点：

孩子透过身体的五个器官接收外界信息。这五个器官就是眼、耳、鼻、口、皮肤。家长跟孩子沟通，通常只启动孩子的一个器官，就是耳朵。例如该吃饭了就叫孩子吃饭，该洗澡了就叫孩子洗澡。往往，当孩子沉醉于玩玩具或看电视时，他的耳朵有可能就关起来了，听不见家长的呼唤。这时，家长与其加大音量，不如启动孩子其他的器官。可以像熊妈妈一样，把碗端到孩子眼皮底下，让孩子看到碗里的早餐；或者夹一点早餐放入孩子的嘴巴，让他尝到早餐的味道，启动“口”这个器官。家长启动的器官越多，沟通越有效果。

如何增加学习趣味

熊大弟最近在学声调，昨天出门去上兴趣班时，还和熊小弟边走边唱口诀：“一声平，二声扬，三声拐弯四声降。”我觉得这个口诀很好，朗朗上口，又可当歌儿唱。学会口诀，加上应用就会更好。我受他们轻松的气氛影响，灵机一动，就跟他们玩起了声调应用的游戏。我说：“我来挑战一下你们。请问小草的‘草’是第几声？”熊小弟不假思索地抢着回答：“第一声！”我瞪大眼睛，用夸张的表情、清晰的声音，看着他，读：“小操？”两只小熊听到这怪声的小草，顿时哈哈大笑起来。熊小弟又抢着说：“第二声！”我又对着他读：“小曹？”两兄弟又笑起来。熊大弟学过，他默默地自个念：“cāo、cáo、cǎo、cào”。断定是第三声后，马上抢答：“是第三声！”我对着他点点头，说：“对，是第三声，小草。”然后在他额头上印了几个大拇指，表示赞赏。

“再考！”两兄弟见这么好玩，要求我继续考他们。就这样，我们边笑边考，到了兴趣班，两兄弟还意犹未尽。

昨天晚上洗澡时，熊大弟想起这个游戏，还要求我再考他。我惊奇地发现，再次考核，熊大弟对声调已熟悉了很多，基本上都能准确回答我考的字是第几声了。我非常开心，肯定地对自己说：“真正的学习不一定只在书桌上，也可以在生活的点点滴滴里！”

黄晓棠NLP观点：

学习本来就是为了让生活变得更美好，学习与生活是密不可分的。家长可以从日常生活里，随时抓取一个事例、一样东西，变成孩子学习的资源。例如，购物时，让孩子帮忙买单，孩子无形中既学了数学，又学了沟通，还建立了自信。时不时让孩子帮忙看时间，问孩子现在是几点，孩子既学了数字，又看懂了时钟，还建立了时间观念。最重要的是，利用生活小事来学习，可以让学习变得生动有趣。

如何让孩子爱上阅读?

我最喜欢带两只小熊去的地方是一家书店。这是一家特别的书店，里面有吃的，有玩的，包括两只小熊喜爱的波波池和用决明子做的沙池。书店按儿童区域和成人区域划分，儿童区域就在沙池的旁边，里面的绘本应有尽有。

刚开始，两只小熊只对沙池感兴趣。每次去就只是在池子里面玩。后来，渐渐地，熊大弟对旁边的绘本区感兴趣了。最近一次，在沙池玩了约一小时之后，熊大弟就出来，进入旁边的绘本区。在里面一直没有出来，直到到时间回家了我去叫他，读书时间可能长达两个小时之久。

之前去这家书店，两只小熊在沙池里玩的时候，我就坐在外面看我喜爱的书。一次一次地受到环境的熏陶和我的带动，熊大弟终于对阅读产生了兴趣。之前每次看到他们只玩决明子，没出来看书，我并没有唠叨他们，问为什么不看书，也没尝试说服他们，说看书有多么好。我知道这样做只会让他们对阅读产生不好的印象。我相信，经过环境和时间的熏陶，终有一日他们会拿起书来读的。果然，熊大弟对阅读的兴趣，比我想象中来得还快，我对此有满满的成就感。

黄晓棠NLP观点：

环境，或者气氛，是能感染人的。这就好比快过春节了，父母买了一盆橘子回家摆放，门口贴上一副红红的春联，孩子马上就能感受到过节的气氛。阅读也是一样，如果父母手拿手机、客厅开着电视的话，孩子并不能感受到阅读的气氛。最好客厅增添一个书柜，买回一些好书，父母每天带头阅读。久而久之，孩子就会被家长感染，自个拿起书来读了。

父母会讲几个故事好处多多

中午在家吃饭，熊大弟只吃鸡蛋和放在他面前的淡黄色的花椰菜。熊爸爸让我夹点绿色的菠菜给熊大弟吃。熊大弟不太爱吃菜，如果就这样把菜夹给他，他的反应极有可能就是说“我不要！”然后把菜挑出来，弄到饭桌上。为了不给他拒绝的机会，我一边夹菜一边说：“大力水手的菠菜！King king 哐哐！”说完我还模仿了大力水手舒展拳脚，变得强壮的动作。我以前给熊大弟讲过大力水手的故事，还给他看过大力水手的电影。所以，熊大弟知道大力水手是什么，也知道菠菜的意义。熊大弟开心地接受了我夹给他的菠菜。过了一会，我又夹一次给他。熊大弟马上反抗说：“我不要了！”我对熊大弟说：“你再去看看大力水手是吃多少菠菜的。他可是一吃就是一大罐呀！你才吃了几条，难道你是小力水手吗？不，应该是无力水手才对，见到坏人也打不动了。”说着我还扮了个无力的表情，把熊大弟逗笑了。过后，熊大弟怀疑地问我：“妈妈，菠菜真的那么神奇吗？”我说：“肯定了，菠菜很有营养的，吃了人会变得强壮。”熊大弟反驳道：“才不是呢，菠菜很酸的。”我不明白他说的酸是什么意思，不过没关系，反正熊大弟开心地吃了两次菠菜。吃完饭还要求看一集大力水手的视频，说今天午觉前不听故事了，就想看大力水手。

黄晓棠NLP观点：

孩子对故事里的英雄人物，一般都很崇拜，孩子也乐意把自己当成故事里的主角。家长如果懂得将有益的东西跟故事里的主角捆绑，孩子一般也会“爱屋及乌”，爱上这个有益的东西。就像熊妈妈知道大力水手爱吃菠菜，就在饭桌上提起大力水手一样，孩子也就欣然地接受菠菜了。

摔跤小趣事

熊小弟走在我后面，“扑通”摔了一跤。我紧张地回头，看见他大半个身子趴在地上。或许是见到我紧张的表情，也或许是怕我责备，熊小弟说：“我没有摔到手。”我放心了点，回应说：“那就起来呀。”熊小弟一边爬起来，一边说：“只是摔到了心脏。”我的心一提，紧张地掀开熊小弟的上衣，检查有没有瘀伤。我正掀开衣服，熊小弟接着说：“但是它还是跳的。”我“扑哧”一声，差点笑出声来。见

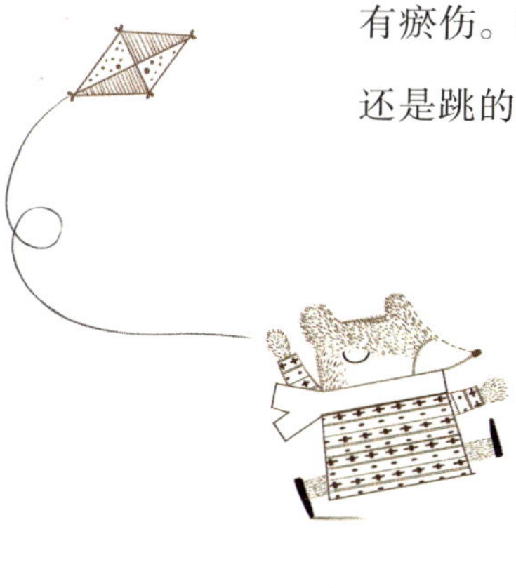

到熊小弟胸口没什么事，我就说："肯定是跳的啦。"我心想，心脏如果不跳了那还了得！你说话也太逗了，熊小弟。

黄晓棠 NLP 观点：

孩子说话有他自己的一套逻辑，这套逻辑有可能跟大人的不同。成人不必尝试去纠正孩子，例如说："你这样说不对。"或说："别乱说了。"这只会破坏孩子的内在秩序。家长可以暂时放下自己的一套，尝试跟着孩子的话走。例如孩子说："心脏还是跳的。"那家长可以顺着孩子说："是呀，还好它还是跳的。"而不是立刻责备孩子说："小孩子别瞎说。"

重新走一次的纠结

熊小弟坐我的小电动车去接哥哥，在红绿灯处停下来等红灯。熊小弟指着右后方，大声对我说："要去刺刺那里。"马路上很嘈杂，我没听清他说什么。我大声问："去哪里呀？"熊小弟再说一遍："去刺刺那里。"我还是没听清，指着路边吃甜品那家店问是不是那里。熊小弟说不是。我又指了一个地方，熊小弟又说不是。这时绿灯亮了，我赶紧开车过了马路。这下熊小弟不干了，生气地大声命令我开回去，说要去"刺刺"那里。这下我听明白了。刚才等红绿灯的地方，旁边种着一棵剑麻。每次等红绿灯时，我都故意靠近它。熊小弟每次都要用他嫩嫩的小手指碰一下剑麻尾端尖尖的刺，刺激一下自己。刚才我没在那个位置停，所以现在即使过了马路，熊小弟还要求我开回去重来一遍。马路车多人多，最主要的是哥哥放学的时间也快到了，我继续往前开，拒绝熊小弟的无理要求，说回来时再给他弄。熊小弟誓不罢休，强硬地喊破喉咙要我开回去。我看一看手表，还有几分钟的时间。时间虽然很紧，但我还是掉头回去，按熊小弟要求的，重新停靠在长剑麻的位置，让他按照平时的程序，碰了剑麻的刺再往前开。

黄晓棠NLP观点：

孩子3—4岁，有一个执拗敏感期。如果孩子内在的秩序遭到家长破坏，就会哭闹，要求重新来一次。熊妈妈每次带熊小弟过这个长剑麻的红绿灯路口，都停靠在剑麻的旁边，让熊小弟去碰一碰。这个程序已经形成了熊小弟的内在秩序。今天熊妈妈没有按程序走，熊小弟觉得不应该是这样的，甚至觉得世界不是他想象的那样子了，他就紧张、吵闹，直至妈妈按他要求的重来一遍，他才安静。明白孩子执拗敏感期的妈妈，就能体谅孩子，尽量按孩子的要求去做。即使有些事情不能重来，妈妈也能够体谅孩子激烈的情绪。

孩子是如何学习新东西的

星期六，我和两只小熊，还有熊大弟的同学和妈妈，一起去广东科学中心玩。在二楼的实验与发现馆，我发现了一个有趣的现象。熊大弟同学的妈妈叫我去看熊大弟的“表演”，原来那是一个电流和身体的小实验。设备是左手边有一个手印，其中两个手指印是金属片做的，可以通电流，右手边是一个搅动手柄，正中间是一个电流表。当右手搅动手柄，同时把左手放在手印上时，就会产生电流，

放在金属片上的两根手指就会有触电般麻麻的感觉。熊大弟比我们先发现了这组设备，现在正兴奋地一边玩一边嚷着“好痒好痒”。同学的妈妈觉得太不可思议了，她说刚才让熊大弟给她试一下，结果触了一下电，吓得她赶紧抽手，到现在还感觉手麻麻的。我见这么神奇，也让熊大弟给我试一下，让他帮我搅动手柄。结果触电的那一刻，我神经质地立刻抽手，就像生命受到威胁似的叫了一下。这时熊小弟和同学也过来了，见我们心有余悸地在讨论，就好奇地在一旁观看。这时又来了几个二十岁左右的年轻人，他们一试，反应都跟我一样，表现得像突然有东西咬了他们一口似的，都“哇”的一声叫出来。这些，熊小弟和同学都看在眼里。其实实验台上面写得很清楚，实验电流很微弱，不超过10毫安，对人体无任何伤害，但我们这些成人就表现得很夸张，好像突然勾起了对生命有威胁的一些往事和回忆。

有趣的是，等年轻人们走了之后，我让熊小弟和同学也把手放上去试一下，他们两个都不愿意。我说没事的，哥哥刚才也在玩，他们就是不肯，表现得像我们大人一样害怕。而熊大弟见我们不玩，他又自个开心地玩起来，享受微电流带来的痒痒的感觉。为何同样是孩子，他们的表现却如此不同呢？

黄晓棠 NLP 观点：

孩子对于全新的一件事物，建立概念的途径有好几种，包括亲身体验、看别人做、听别人说等。对于“电流”这个新概念，熊大弟的认识基于自己的亲身体验。没人告诉熊大弟这个是安全还是危险的。熊大弟透过体验总结出来的是，微电流只是痒痒的。熊小弟和同学对微电流的认识，则基于看别人做和听别人说。当他们看到大人们的表情都是受惊吓的、瞪大眼睛的，听到的是“哎呀！好麻！”时，他们接收到的信息就是微电流是危险的，不可以碰。所以，无论后来我们如何劝，他们都不敢去碰。家长要时刻觉察，哪些是我们自己小时候听说危险的，不是自己亲身体验的。到了我们的孩子这一代，是否可以留些机会让他们亲身体验，而不是听凭我们说危险就信以为真，丧失自己验证的机会。

熊妈妈的深沉反思

中午，蒙眬中隐约听到熊大弟同学的声音：惨了，睡过头了，到时间上学了！平时，中午是由熊大弟同学的爸爸送他们上学的，我们住同一栋楼，顺带接送。我爬起来，赶紧叫熊大弟也起来，嘴里念叨怎么没有听到手机的闹钟响。熊大弟紧闭眼睛，反应不过来。见他没反应，我一把拉他起来坐着。谁知道他又马上躺下去，不理我有多着急。我又把他提起来，推到房间门口去，咬着牙说他同学和爸爸已经在门口等了。熊大弟赖在地上不动，闭着眼睛哭起来。我半拖着他到客厅去，心里一直冒着火，生气熊大弟为什么不能干干脆脆地起床上学去。熊大弟越哭越厉害，我帮他穿好鞋，他也不愿起来。同学的爸爸伸手牵他，也牵不起来。我使点劲把他推出门外，并把铁门反锁上，心想这回该起来跟他们下去了吧！可是熊大弟还是赖在地上哭闹，说要妈妈送他去学校。任由同学的爸爸怎么劝他，也不起来。我没好气地打开门，让同学和她爸爸先走，并警告熊大弟一定会迟到，因为我还没换衣服。

我板着脸回房间换衣服。熊大弟不知道我愿不愿意送他上学，在客厅一直边哭边喊："妈妈！"我一直没搭理他。直到换好衣服，径直走到客厅，提起背包，我也没看熊大弟，说："我在楼下等你！"熊大弟边哭边跟上来，我又回头吼他说："回去关好门！"上学路上，我气还没消，再次警告熊大弟说："这已经是第二次了！这是最后一次我这样送你上学了！我希望你以后，我一叫你就马上起来穿鞋上学！"

一路上，熊大弟一声不吭，我也慢慢平静下来，反思刚才的一幕。我慢慢察觉是我没把闹钟拿进房间，以致我们都没听到闹钟响。我还要求一个刚六岁的孩子，在熟睡中一听到叫唤，就马上跳起来，像机器人一样马上穿鞋上学，丝毫没体会他只睡了半小时那种犯困难受的感觉。孩子没做到我期待的，我还对他又吼又叫，又拖又推，之后又板着脸不理不睬，这明显会给孩子留下可怕的印象。

车骑到了学校门口，我已深深体会到我的不足。孩子下了车，我在孩子头上摸了一下，表示妈妈的歉意。看着孩子有点驼背的身影，我的心一阵酸楚和怜惜。我把我的不足压在了孩子身上。下次我是不是要调整做法，避免同样的一幕再次发生呢？

黄晓棠 NLP 观点：

想要培养孩子的良好习惯，父母先要改变自己的习惯。熊妈妈可以调整一下，把闹钟拿进房间，提前五分钟叫醒，这样就可以给孩子和自己多一些缓冲的时间，避免因时间的压力带来冲突。也就是说，家长要避免将自己失误而带来的压力施加在孩子身上，造成对孩子的伤害。家长要及时反思，调整自己的做法。

有了动力，孩子本不会做的也瞬间学会

我们在商场里发现了一个孩子玩的乐园，里面有一个超长超高的滑梯，足有两层楼那么高。两只小熊第一次见到这么刺激的滑梯，马上就吵着要进去玩。办完手续后，两只小熊就迫不及待地爬上去体验了。果然很刺激，我在下面看，感觉他们好像是飞下来的。用熊大弟的话描述，是感觉飕凉飕凉的。两只小熊很快就发现了乐园提供几条毯子，用它垫起来滑更快更刺激。于是，两只小熊就每人争取了一条，乐此不疲地背着它一次一次地爬上两层楼高的楼梯。这条毯子和熊小弟的人一样高。为了让孩子滑下来时更稳固，毯子的下半部分设计成口袋形

的。滑滑梯时，小朋友的脚是放在里面的。毯子的中间还有两个手挽，方便孩子滑的时候用手挽住。每次滑下来后，把脚抽出来时，毯子的口袋有时会跟着翻出来，就像脱衣服时袖子翻出来一样。在家里，如果衣服翻出来了，熊小弟一定会叫我或者阿姨帮忙，说他不会弄。可是这次，毯子的口袋翻出来了，熊小弟每次在楼上的滑梯口都仔细地把它翻进去，毯子弄顺弄好了才滑下来，每次都自己弄，一次也没叫别人帮忙。头几次，熊小弟把毯子弄好的时间比较长，有一次大概弄了一分钟才把它弄好。我看着他一直很专注很有耐心地在整理，不禁感叹为何在家里他就不会弄，到了滑梯乐园就会弄了呢？而且熊小弟很快就掌握了技巧，整理毯子的时间越来越短，基本和哥哥是一样快了。

黄晓棠NLP观点：

动力是发展能力的基础。有了强劲的动力，孩子很快就能提升能力。即使当下不会做，孩子也会想方设法掌握它。相反，如果动力不足，孩子即使有能力，他也不愿去做，结果就做不好。所以，家长想要孩子学会照顾好自己，就要先从动力下手，让学习过程变得有趣好玩。

如何让孩子不知不觉学好拼音

熊大弟读小学一年级。自从熊大弟学拼音以来，我一直希望他赶得上进度，牢牢掌握老师已教过的拼音。如果单靠晚上做作业的那一两个小时，是很难掌握的，而且读太多太久会让孩子讨厌拼音。熊大弟前两天晚上在家听写，我急切地想要他掌握，就叫他把书上这两天新学的六个复韵母，每个四个声调，共二十四个，再加上每个韵母有六个生字的拼读，总共六十个拼音一起听写了。结果没到一半，熊大弟就反抗了，手停在那里不愿下笔，愁眉苦脸地埋怨为什么要写那么多。由于是刚学的，熊大弟每听一个都要想一会才写得出来，听写一二十个已经花了半个小时了。

为了让熊大弟掌握拼音，又保留他对学习的兴趣，我决定把学拼音分散到生活的每个细节里。一天早上，两只小熊正坐在沙发上吃早餐。我看到对面墙上挂着的金牌，就问他们：“请问金牌的‘牌’是怎么拼的呢？”熊大弟先回答“n–ái—pái”。我顺着他说的，重拼了一次：“n–ái—nái，金 nái？”熊大弟发现不对，又说：“p–ái—pái。”我马上回应：“对了，p–ái—pái，金牌。”

以前早上起床，我直接叫他们，说：“天亮咯，起床啦。”自从接触了拼音之后，这几天叫起床的方法也变了。我说：“q–ǐ—qǐ，ch–u–áng—chuáng，起床。”就这样，熊大弟的拼音越来越进步，乱拼的情况越来越少，声调也慢慢掌握了。

黄晓棠 NLP 观点：

动力和能力是影响孩子学习的两大因素。熊妈妈把拼音穿插在生活里面，是为了保持孩子的学习动力，除了让孩子明白学拼音有什么用之外，还把学习时间分散开来，避免晚上作业时间太久让孩子失去兴趣。这不仅提升了孩子的能力，同时也增加了孩子的自信心。

如何培养孩子的专注力

昨天我和两只小熊又去了我们喜爱的书店。这个书店有波波池玩，又有绘本看。刚开始，两只小熊像往常一样在决明子做的沙池里玩得很高兴。过了一会，我想吃东西，就起身交代熊大弟，说我要去买东西吃，并问了他们想要什么，然后我就离开了。我买完东西回来，他们已经没有在沙池里了。我转头一看，他们正在绘本间里读绘本呢，熊小弟拿着绘本正在跟哥哥讨论什么。我本来想过去叫他们，转念一想，还是不要过去打扰他们，反正他们也不是很饿。于是，我把买回来的东西放在外面的矮桌上，自己先品尝起来。两只小熊和一个同学一直在绘本间读绘本，没有人去打扰他们。

昨晚洗澡，熊小弟一边洗澡一边把他的玩具车的轮胎胶套取出来玩。洗完澡在擦身子穿衣服的时候又一个一个套上去。当穿到上衣的长袖子的时候，熊小弟正专心地在套最后一个轮胎。穿袖子需要他把工作暂时放下，手才能伸进袖子里。我是个急性子的妈妈，很想打断他，让他先穿好上衣再继续套轮子。但是这一刹那我突然明白，我不可以打断他，我要耐心等几秒钟。果然，几秒钟后，熊小弟完成了最后一个轮胎，自动把手伸了过来，穿好了衣服。

黄晓棠 NLP 观点：

在孙瑞雪老师《完整的成长》一书里面，关于孩子认知的过程有较深入的描述。孩子在不被打扰的情况下，更能较好地完成认知的过程。孩子的专注力也来源于不被打断、不被打扰。有些孩子在玩耍的时候，家长在一旁嘘寒问暖，一会儿添衣，一会儿送水，并不断告诫不可做哪些危险动作，孩子因而不能投入地玩耍。在经常被打断的习惯下，孩子也就不能长久而专注地完成一项工作了。

孩子的模仿行为

我见熊小弟有点咳嗽，就叫阿姨煮了点罗汉果水给他喝。熊小弟说要带回幼儿园喝，我就帮他装进保温瓶里。我怕水太浓，特意把罗汉果挑了出来。谁知熊小弟跑过来，强调要把罗汉果也放进去。熊小弟是昨天看了哥哥这样做，今天他也学哥哥的做法，要把罗汉果放进水里。

熊小弟无时无刻不在模仿哥哥。哥哥买了一双蓝色的虫虫波鞋，他也要买一模一样的，还高兴地称呼它们为双胞胎鞋。有一次我帮两只小熊买衣服。我从课堂上学习了，多子女家庭的孩子，需要一对一的个别关注。所以，我特意为熊大弟和熊小弟买了不一样的衣服，以显示他们的独特性。这代表他们在妈妈心目中都是独一无二的。谁知买回家后，熊小弟说不喜欢我给他买的，他更喜欢买和哥哥一样的。

熊小弟模仿哥哥的行为，在我印象中，从一岁多开始就很明显了。那时他在学说话，哥哥说什么，他就跟着说什么。目前熊小弟已四岁多，模仿哥哥的欲望还丝毫没减弱。

黄晓棠NLP观点：

孩子的模仿范围是相当广泛的，从模仿穿着打扮，到拥有的物品，到言行举止，无一不模仿。七岁以下的孩子不会过滤模仿行为。在成人看来，有一些是不可以模仿的，例如说脏话和吐痰，孩子也照样模仿。

从一岁多到四岁多，熊小弟一直在模仿哥哥。这个行为还会一直持续下去，直到孩子到了十四岁以后，有了完全独立的意识。

巧妙应对孩子的执拗行为

正值执拗期的熊小弟，多次让我感觉身心疲惫。一天晚上，熊小弟跟往常一样，说要冲牛奶喝。我就帮他倒好开水在杯子里，让他自己打开牛奶罐的盖子，自己用罐里的勺子舀奶粉到杯子里。当熊小弟舀奶粉的时候，我就到厨房拿了一根长柄的勺子给熊小弟搅拌。我刚把勺子放到杯子里搅了两下，熊小弟就叫嚷了：“我不要勺子，我要用筷子的！”他平时用筷子，我总感觉不放心。筷子又长又尖，熊小弟握着它在椅子上跳上跳下，我看着心惊胆战的，担心哪一次会戳到他哪里。“用勺子安全一点。”我如实说出我的想法。“我不要！拿筷子来！把这

杯倒掉！重新冲一杯！”熊小弟加大了音量，态度坚定得让我相信不能扭转。我只好把冲好的牛奶倒进我的杯子，把熊小弟的杯子冲洗干净，然后把冲牛奶的程序重新进行一遍。

折腾一番，冲好了，牛奶罐也收起来了。熊小弟喝了一口，放下杯子，说：“我感觉有点淡。”我在沙发那边刚坐下，听到这句话，倒吸了一口凉气，熊小弟又想怎么样？我可不要再重新冲一次牛奶了！我弱弱地问熊小弟：“那怎么办？”熊小弟说：“可能我还要再搅拌两下。”我放下心来，马上呼应说：“对，再搅拌两下就变甜了，可能底下还有没融化的。”搅拌了两下，熊小弟再喝一口，说：“还是有点淡。”

我站起来，走过去。不知哪来的灵感，走到熊小弟跟前，我说：“我来变一个魔法。我用神奇的手搅拌一下，牛奶就变甜了。”我用手对着杯子“搅拌”了两下，让熊小弟再尝尝。熊小弟说：“还是不甜。”我接着说：“我用神奇的手撒一点白糖进去。现在再试试。”我边说边做撒糖的动作。熊小弟喝了一口，说："还是不甜。"我接着再做撒糖的动作，说："我撒一点黄糖进去，试试看。"熊小弟再喝一口，说："还是不甜。""那我撒一点盐，再加点胡椒粉进去。"我开始胡闹，熊小弟兴奋起来，附和着说："再加点狗屎进去。"马上又改口说："呃，不要不要，加点可可进去。"可可就是巧克力，我按要求做加巧克力的动作。熊小弟又喝一口。就这样，我一次次变魔法，熊小弟一口口喝牛奶，不知不觉就开心地把牛奶喝光了。

黄晓常 NLP 观点：

在幼儿的世界，真假没有分明的界线。可以说，对幼儿来说，所有事情都是真的，所有物品都是鲜活有生命的。家长明白了这一成长特性，就可以用在亲子沟通上。例如，当孩子很晚还不睡觉时，可以说："你的小被子在等你了。它告诉我，它好想抱一抱它的小主人啊，它好想和小主人一起听斑点狗的故事啊。"

当风筝往下掉时，你会做什么？

熊小弟班级秋游放风筝。我屡试屡败，就去请教高人。高人是导游叔叔，他帮忙把哥哥熊大弟的风筝放得高高的，然后一边把线团交给熊大弟，一边叮嘱：“当风筝往下掉，头往下时，线要放松；当风筝头往上时，要扯线。”我在旁边一边摆弄我的风筝，一边大跌眼镜。这跟我以为的刚刚相反，当风筝往下掉时，我就紧张地扯线，想要拉它一把，试图把它拉起来。而我这样做的时候，风筝就不得

已地头往上抬一下，之后就更急速地往下掉。我根据偷听回来的高人的指点重新尝试，果然有效果。风筝放上天后，偶尔往下时，我就放松。当它调整好位置，恢复平衡时，我就扯线，它就飞得更高。

我震惊于风筝哲理跟亲子理念是多么相似。当孩子发泄情绪，生命力往下掉时，我有时是紧张地扯线，一轮责备，想要马上制止孩子，加一轮道理，想要孩子马上变乖变好。而一轮责备加一轮道理之后，熊小弟往往闹得更厉害，熊大弟更多是低着头不说话，心门关得更紧了。学习之后，我才明白孩子“往下掉”时需要的是陪伴和理解。前几天，两只小熊去上画画班。熊小弟画了一会之后，就跑去熊大弟那边，硬要跟哥哥挤在同一张小椅子上。哥哥不让，两个人就开始推起来，画画无法进行，其他小同学也停下来看他们了。叫不动熊小弟回自己的位子，我就把他抱出画室。熊小弟又踢又打，又哭又闹。我只是紧紧抱着他，表示理解他想和哥哥在一起。街上有个叔叔走过，怀疑地看看我，好像我是在拐骗孩子似的，因为只有孩子在闹，大人却很平静。这比起平时见到的，大人大声吼哭闹的孩子，或生气地打孩子屁股，更不寻常。熊小弟在外断断续续哭闹了十来分钟，渐渐恢复平静后又回到了画室。这就像刚刚风筝掉了一下，我放松了线，让他自己调节一下，现在恢复了状态一样。

黄晓常NLP观点：

当孩子内在有情绪时，他就会用生命力来压抑情绪，这时孩子的生命力属于低下状态。家长这时跟孩子讲道理，再有益的话也进入不了孩子的心里。家长可以帮助孩子找环境让孩子发泄情绪。例如到外面哭闹一顿，到公园去跑跑跳跳，把情绪发泄掉。当孩子发泄情绪时，家长只要陪伴就可以了，此时不指责、不讲道理、不羞辱孩子，不试着拉扯孩子一把，孩子自己会调整状态；当孩子平静下来时，或表现积极时，家长再鼓励孩子，就可让他飞得更高。

你允许两个孩子不一样吗？

早上起床，熊小弟瞄到床头柜上的一张纸，这是昨天晚上看的故事书里掉下来的一页，熊小弟马上要求我给他再讲一遍昨晚的故事，名字是《101斑点狗》。这个故事昨晚讲过了，前晚也讲过了，大前晚也讲过了。我已不记得讲了几遍了。熊小弟对于一个故事，总是喜欢反复听，名副其实的百听不厌。这一点跟熊大弟截然相反。熊大弟最喜欢的是：“给我讲个没听过的。”他总是喜欢新鲜的故事。每天晚上，小熊有两只，熊妈妈只有一个，弟弟要听前一天的，哥哥要听新的。两只小熊为此常常争论，谁也不让谁。

熊小弟和熊大弟不一样的地方还多着呢。熊大弟读幼儿园的时候，不太爱唱歌跳舞做早操。往往全班同学在做操时，只有熊大弟木木地站在那不动。我曾经为此心焦过多次，怀疑自己以前是不是太忽略熊大弟了，现在哪里还做得不够，孩子才会这样。熊小弟呢，喜爱唱歌跳舞做操。每次看老师发来的小视频，总能看到熊小弟小手比啊比。回家后，他偶尔也会唱幼儿园学回来的儿歌或念英语单词。

两只小熊的不一样，究竟是性格不一样，是妈妈对待他们的态度不一样，还是当熊大弟还小时，我受教育的水平不一样？又或是根本环境、时代在变化中？或许都有吧。我不愿把它归结于单一原因，我只愿意把两只小熊的不同如实地记录下来。

黄晓棠NLP观点：

每个人走过的人生轨迹是独一无二的。有的孩子热情开放一点，有的孩子倔强好胜，有的孩子冷静平淡，有的孩子多愁善感。面对不同的孩子，家长的应对方式会不一样，孩子收到的反馈因而也不一样。家长如果一开始就明白孩子跟自己可能有不一样的个性，并且个性不分好坏，就会减少对孩子不合理的期待，就不会因为孩子的“不就范”而感到生气、焦虑、挫败。

两兄弟的竞争

熊大弟上小学后，每天中午都要接回家吃午饭，这比幼儿园时，早上送去，傍晚才接回来，多了许多功夫。小学门口有托管服务，我也曾经动摇过，想让熊大弟去托管。我始终没有这样做，除了考虑伙食和午觉环境之外，还有一个更重要的原因，就是我想要给熊大弟一对一关注的时间。心理学说，多子女家庭，孩子们只有得到父母个人陪伴的时间，兄弟间的竞争才会减少。于是，每天中午十一点半，我就开着我的小电动车，去小学门口等熊大弟了。中午两个小时的时间，是纯纯的一对一陪伴。一踏上我的电动车，熊大弟就滔滔不绝地跟我分享学校

里的事情。熊大弟需要买什么文具，我就陪他去买。午餐时，我就陪他边聊天边玩拼音游戏。

熊小弟呢，自从哥哥上小学后，也有了一个多小时的个人陪伴时间。哥哥每天五点四十分才放学，弟弟四点半就放学了。每天四点多，我也是开着我的小电动车，从公司去到幼儿园接熊小弟。幼儿园离家只有一百米不到的距离，可往往我们要二十多分钟才回到家。路上，熊小弟各种的执拗。例如，坐在水管上久久不愿起来，又不让我先走。有时吵着要去游泳馆，我说没时间，又不让我走，等等。我给他的一个小时左右的时间，有一部分花在了回家的路上。

按道理，我每天给了两只小熊各自的个人时间，两只小熊应该相亲相爱才对。可是，我最近发现，两只小熊争东西和打架的情况更多了。昨天晚上，他们在楼下一个小朋友家玩。回家时阿姨给他们用勺子挖了两个雪糕球，要放在同一个碟子里，给他们带回去。熊小弟硬要分开两个碟子，不肯跟哥哥的放在同一个碟子里。两个雪糕球有大有小，阿姨要哥哥让弟弟，意思是大的给弟弟，哥哥坚决不让，还跟我理论说：“老师说大的不一定要让给小的！”两兄弟的椅子也是分开颜色的，如果哥哥坐在了弟弟的椅子上，弟弟就会大声叫他起来。反之也是。

有时候我会怀疑，为何两兄弟会经常竞争。是我的方法不对吗？是我给的个人时间还不够吗？是这个理论不成立吗？还是这是一个过渡期，两兄弟刚刚尝试到妈妈个人的爱，变得自我中心起来？我更愿意相信最后一个理由。以前我对两只小熊的爱是一对多的，去商场一起去，上兴趣班一起去，睡前故事一起听。现在他们每人每天都有了妈妈的时间，地位都提升了，难免有占地盘的时候。吵架其实是价值感提升的呈现。妈妈要继续给一对一的时间，如果他们的爱吸收足够了，就会进入另一个阶段。

黄晓常NLP观点：

父母给孩子一对一的时间，孩子会收到这样的信息：我是最重要的，我是值得被爱的。价值感是孩子成长过程中不可或缺的心理营养，小时候由父母和身边的重要他人给予，长大后可以自己供给自己。

孩子是如何变得优秀的

晚上，我从小学做完亲子分享回到家。进门，我看到熊大弟坐在矮桌前全神贯注地手握铅笔在找他喜爱的《隐藏的图画》。跟熊大弟打过招呼后，我兴冲冲地告诉他："刚才我见到你的同学 ××× 的妈妈。她表扬你了！"听到同学的名字，听到有家长表扬他，熊大弟两眼发光地望着我。我继续给证据："她说，上次秋游的时候，你帮忙去喊其他小同学回来。她并没有叫你帮忙，你是主动帮忙的。

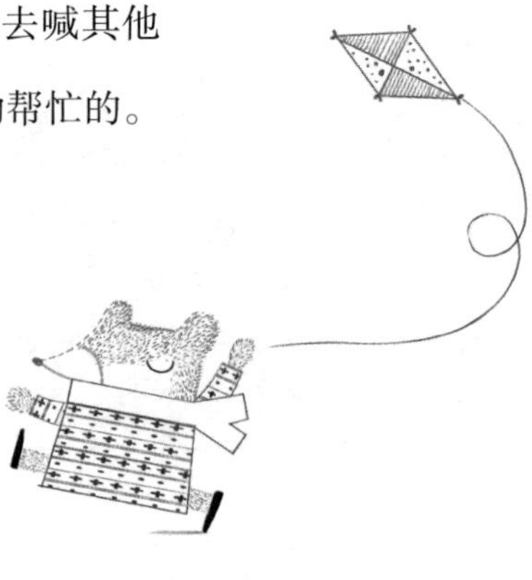

是这样的吗？”熊大弟喜悦又自豪地回答：“是啊！”我继续给证据：“她还说你特别懂规矩，遵守秩序。”熊大弟专心地听着。我加了一句同学妈妈没有说的话，以鼓励熊大弟：“她说这孩子啊，长大了不得了，一定是个了不起的大人物！”这句话其实是我自己的心声。说完以上这些话，我心里神气地暗笑，下次秋游，熊大弟一定是更热心帮忙和更加守秩序了。

讲完表扬的事，我又告诉熊大弟另一个消息：“你的另一个同学 ××× 搬家了！”星期五晚上，熊大弟和以前幼儿园的同学们聚会，把校卡落在同学家了，这位同学的妈妈帮忙保管着。今晚出去前我告诉了熊爸爸和熊大弟，但熊爸爸和我都不知道这位同学搬家了，所以熊爸爸带着熊大弟去他们以前的住址叫人，找不到人。我回来时听语音信息，才知道他们搬家了，就去了他们新家帮熊大弟把校卡拿了回来。拿回来后我没有数落熊大弟粗心大意，也没有提醒下次应该怎样做才不会掉东西，而是把校卡交给他，并告诉他同学搬家的事实，同时说：“妈妈知道你今晚和爸爸去了他以前的家拿校卡了。”

这是欣赏熊大弟为这件事负了责任。

黄晓棠NLP观点：

孩子所做的事情当中，有好的，也有不好的。父母的眼睛就像一双扫描仪加放大镜，可以扫描和放大好的，也可以扫描和放大不好的。如果父母看得到孩子做得好的，并及时加以表扬，孩子的优点就给放大了。孩子的自信心因表扬得到提高，下次他就愿意继续多做好的行为。相反，如果父母只是盯着孩子做得不好的，孩子的自信心因批评而受打击，会讨厌自己、不信任自己。更坏的是，孩子因父母重复的唠叨，而不知不觉做更多父母所唠叨的事。智慧的父母更懂得将做错事转成鼓励孩子和让孩子学习的机会。

孩子撒谎，妈妈有责

晚上，我和两只小熊在沙发上做事情。突然，我闻到一股恶臭，马上弹起来，跳开，说：“呃，好臭，谁放屁？！”两只小熊齐声说：“不是我！”当时只有我们三个，我知道是他们其中一个。过了一段时间，我和熊大弟在矮桌上做作业，又是一股恶臭。我又立刻弹起来，跑开说：“呃，好臭！”熊大弟马上脱口而出：“不是我！”这次只有我们两个，熊大弟撒谎了！听到熊大弟撒谎，我心里一阵警惕和焦虑，为何他要撒谎？平时在车厢里放屁，两只小熊也是互不承认。熊爸爸和我都会在一阵“呃”之后，教导两只小熊放屁是人体的需要，是自然现象，放了就说放了。难道这些教导没用？

是的，这些教导没用。回播刚才两次放屁的“电影”第一次，我看到自己的第一反应是跳开，然后用带点责备和审问的口吻，问是他们谁放屁。这给孩子什么信息？放屁是会受责备的。第二次，我也是马上跳开，整个脸扭成一团，极厌恶地“呃”一大声，就像要呕吐一样。这给熊大弟什么信息？放屁是令妈妈厌恶的，虽然他自己可能并不觉得他的屁有多臭。

所以，我要自问，我是不是真正认为放屁是人体的需要，是再正常不过的事？如果是，我就要做出相应的接纳的反应来，而不是动作夸张地“呃”，然后用厌恶的表情看着对方。如果我实在觉得放屁好讨厌，就要做好准备孩子也讨厌放屁，就要接纳孩子因放屁而撒谎这一现象。

黄晓常NLP观点：

孩子天生是想讨父母喜欢的。父母厌恶的东西，如果在孩子身上出现，孩子就会否认它。父母如果认为放屁是令人厌恶的，就要接纳孩子否认它。否则，父母就要重新认识放屁这个现象。如果认识到它是正常的，就要用整个身体表达出它是正常的。父母不可以从表情上、肢体上表达它是令人讨厌的，又用口头表达它是正常的。这两个信息是矛盾的，会让孩子困惑不解。

钱是怎样塞进银行卡里的?

熊大弟上小学以后，我想他慢慢长大了，需要有独立支配生活的感觉。于是我兴奋地告诉熊大弟：“妈妈决定每天给你一块钱。你可以存起来，买你喜欢的文具、玩具和酸奶雪糕。”我特意带熊大弟去文具店，给他和弟弟各买了一个存钱罐，方便他们把钱存起来。

今天中午，熊大弟和一个小同学在我家吃午餐。他和小同学兴奋地边吃边数他的零用钱。熊大弟问我：“妈妈，如果我的钱罐存爆了，那怎么办？”我回答：“那就把钱存到银行卡里咯。”熊大弟接着问：“那如果我的钱有这么多，那怎么存进银行

卡里呢？”他一边说一边比一个枕头那么大的手势。我被他逗笑了，也明白六岁的孩子刚刚由具体向抽象过渡。我说：“银行会给我们一个数字，例如一万元。他们不会把钱塞进银行卡里。”我边说边在桌面上比画一张纸条，写上一个数字，让熊大弟更好地理解。熊大弟紧张起来，问：“那我的钱去哪里了？”他还是比较紧张实在的东西。我用我懂的给他解释：“银行会把你的钱拿去投资，借给做生意的、开工厂的。”熊大弟还是紧张地问：“那我的钱不是越来越少吗？”我安慰他说：“不会的，我们存多少进去，就可以取多少出来。银行会有保证的。”熊大弟没什么表情，好像懂了，又好像不懂。

黄晓常 NLP 观点：

小孩子的思考和记忆，是建立在具体的事物上面的。熊大弟脑海里看到的是一堆钱和一张卡，他就好奇如何把一堆钱变小，然后塞进卡里面。家长如果理解孩子的思维模式，就会用相应的方式跟孩子沟通。例如给孩子的指示尽量具体、明确，并善于用打比方和讲故事的方法，让孩子容易理解。

孩子，你独立得太快了

对于午托，禁不住熊大弟的几次央求，今天终于报了名。熊大弟小学的午托不在学校里面，而是由外面的私人机构经营的，学校门口整条街都是办午托和补习的。今天第一天午托，我特意去接他，把他介绍给午托接放学的阿姨，嘴里念叨着要他认住这个阿姨，别人来接他都不要跟人走。熊大弟大声地回答："知道了！"话里有几分"妈妈你不用担心"的意思。几个午托的一年级新生刚接齐了，还没出发去午托的地方，熊大弟就迫不及待地对我说："妈妈你可以走了。"我哪里能走呢？我还要去午托的地方跟熊大弟说被子放在哪里，还要看看今天的伙食……

走在前往午托的路上，熊大弟又蹦又跳，比出发去旅行还要开心。到了午托的地方，我忙着给熊大弟做工作，看看午餐吃什么，又带他到睡觉的房间说被子放在哪，怕他不知道，又在他耳边说饭不够吃还可以再添，生怕他吃不饱。熊大弟对我所说所做的，一点也不感兴趣。他的眼珠子不停地在搜索一个同班同学。搜索到这个同学，熊大弟兴奋地跑了过去，热情地说要跟他一起吃饭。对于还不舍得离去的妈妈，熊大弟抛过来的一句话是："妈妈，明天开始你再也不用过来了。"

回到家，没有熊大弟，异常宁静。我缩在沙发里看书，心里有个声音：熊大弟，你独立得太快了。此时的感受有点复杂，既有轻松，又有被孩子抛弃的感觉。

黄晓常NLP观点：

孩子成长是有规律的，由幼儿对妈妈的百般依赖和依恋，慢慢到要求独立。孩子要求独立的信息，透过跟同伴玩耍迟迟不肯回家、跟同学去托管要妈妈快快离去等表现出来。妈妈收到这些信息，就知道孩子要独立了，就要学会放手。妈妈或许有失落的感觉，或许有轻松的感觉，就让这些感觉陪伴妈妈放手吧。

家长如何安慰孩子

放学后，熊小弟搭我的小电动车去游泳馆游泳。踏上车不久，熊小弟就跟我说：“我今天没有得到贴纸。”贴纸是幼儿园老师们用来奖励表现好的小朋友的，一般贴在孩子们的额头上。当熊小弟额头贴有贴纸时，他总隔一会儿就用手指轻轻地摸一下额头，检查一下贴纸是否还安然在那里。每次他都舍不得取下来，因为妈妈看到了会夸他。

听到熊小弟说没得到贴纸，我脱口而出说：“没关系啦。”意思是想安慰他。熊小弟没有任何回话。我心想这样安慰不对，我怎么知道熊小弟感觉有没有关系呢？这需要他自己说出来。于是，我改成问话：

"今天没有得到贴纸，你感觉怎么样？"

熊小弟说："我不喜欢。"

我继续问："那一般要怎么样才能得到贴纸呢？"

熊小弟说："不能玩玩具。"

我核对："你是说上课的时候不能玩玩具吗？"

熊小弟说："是。"

我问："还有呢？"

熊小弟说："不能离开位子，还有拉尿要跟老师说。"

我问："那，这些你都能做到吗？"

这时也到了游泳馆了。熊小弟一边下车，一边肯定地回答："可以。"

我点点头，信任地回了句："好。"

黄晓棠NLP观点：

在成人看来，偶尔没得到老师的夸奖是正常的；从孩子的角度来看可能不一样。我们不能完全体会孩子的感受，所以应避免用我们的观点覆盖住孩子的观点。问话是引导孩子表达的好方式，特别是开放的、不带任何预设的问话，更能让孩子贴切表达内心的想法。无论孩子说出什么样的想法，家长纯粹表示理解，比加进任何对与错的评判，更能让孩子感受到家长的支持。

为何孩子掌握词语那么快?

有一次，我和熊爸爸在车上不知在讨论什么不可能的事情，熊小弟在一旁插话说：“那就先尝试一下嘛。”四岁的孩子会用“尝试”这个词，让我有点吃惊。

昨天吃完晚饭，熊小弟让我给他读故事书《狮子王 2》。最近熊小弟让我读故事的方式有点变化，他不再是被动地听了，而是说：“第一页我来读。”他也会讲故事了，而且读出来跟书本上的一字不差：“今天是个重要的日子……”听到熊小弟准确地读出书上的许多句子，包括抽象词“灵魂”，甚至是成语“火冒三丈”，我的感觉是复杂的。第一

个浮上来的感觉竟然是羞愧。每晚，熊小弟几乎都会要求我给他讲故事，但我大都以各种理由推托，例如要给哥哥检查作业，已超过十点所以只能讲两页等，能少讲点就少讲点。有时躺在床上，我嘴巴在念着，脑袋已迷迷糊糊，都不知念了些什么。可是，熊小弟还是从这些干枯的资源里尽量吸收养分。第二个感觉是孩子的学习力让我吃惊。故事书里，有些角色的名字，特别是外国人名，很长又没有任何意义的，合上书我就忘记了。可是熊小弟不要说合上书，就算过了一两个月，他也能记起来。例如美国队长的真名叫什么，斑点狗的名字还有他主人的名字等。为何孩子能做到，而成人做不到呢？

黄晓棠NLP观点：

孩子的感官是敏锐的。在听故事时，孩子的眼睛是真真实实、完完全全地看书里的图画，耳朵竖起来听家长弹出来的每个字，家长即使有轻微的语调变化，孩子也能听得出来。所以家长无须担心孩子究竟懂不懂成语“火冒三丈”，孩子一定能从家长的语调里识别这个词语代表生气。听故事的时候，孩子可以说是做到了眼到、耳到、心到，身心完全合一。成人则往往未能静下心来。

是“无敌”还是“胡敌”

上幼儿园的路上，熊小弟问我：“妈妈，熊熊烈火是什么意思？”

我回答：“就是火烧得很大咯。”

熊小弟紧追着问：“是无敌大吗？”

我回答：“是的，无敌大。”

熊小弟又问：“是‘无敌’，不是‘胡敌’吗？‘胡敌’不对吗？”熊小弟之前一直把“无敌”读成“胡敌”，我纠正过他。起初他反应很激烈，咬定“胡敌”是对的。见他态度坚决，我也就随他了。这一次他愿意读“无敌”了。

我回应熊小弟的问话，说：“‘胡敌’有点不正确。”

熊小弟接着反问："不是有点对吗？'敌'是对的。"

我的心一震，就像有人点醒了我，是呀，"敌"是对的，我怎么就说熊小弟念错了呢？为何我没看到他念对的部分呢？我点点头，肯定熊小弟说："对，'敌'是对的。"

熊小弟继续说："'无敌'和'胡敌'的'敌'不是同一个字吗？"

我佩服地点头："是的，是同一个字。"

路上，熊小弟继续自言自语："无敌、胡敌，'敌'是同一个。"我的思绪则飘远了，飘到发生在我身边的一些事情上。可能，我只是盯着"胡"，并把"胡敌"整个词都否定掉了。对于正确的"敌"，我却视而不见。熊小弟给我上了宝贵的一课。

黄晓棠 NLP 观点：

每一件事、每一个人，都是由许多部分组成的。成人要小心只看到自己不满意的部分，就把整件事、整个人都否决掉。例如，孩子读"秋天来了，树叶'王'了"，把"黄"读成"王"。孩子只读错一个字，其他的都对了。家长可以个别地指出读错的字，更要看到读对的字，并加以肯定。这样，孩子才更愿意接受我们的意见。

谈谈孩子晚睡那点事

这两天晚上熊大弟都是十点多十一点多才睡觉，他是全家最后一个睡的。全家人都入睡后，当熊大弟还亮着灯在洗手间洗澡，洗完澡还踩过熊爸爸的床垫回到自己的位子时，熊爸爸就怒不可遏，劈头盖脸对熊大弟一番恶言恶语。看着熊大弟如凝固般站在床垫上，面朝爸爸，眼睛和身子一动不动时，我就只是心疼。熊爸爸是爱孩子的，只是他表达爱的方式是呼喝和指责，期待孩子在批评中能够懂事，能够按爸爸的规律和节奏做事情。

对于熊大弟晚睡觉，我看到的和熊爸爸是有点不一样的，我看到的更多是负责任。虽然时间渐晚，熊大弟还是独立完成了学校的作业。修修改改、钉钉补补，需要花不少时间。做完作业还自己洗完了澡，把要完成的都完成了才上床睡觉。

我相信孩子是有自己的节奏的。当他们拿出铅笔盒要做作业时，看到了铅笔刨，就会不由自主地把一支铅笔拿出来刨。刨完一支，接着是第二支。不知不觉，就把铅笔盒里所有的铅笔都刨完了。当他们在做作业时，看到不远处的跳绳打了个结，就会走过去把结解开。解开后自然地就拿起跳绳跳上好一会。我不忍心把这些标签为“注意力不集中”，或者“做事拖拉”，而是，这是孩子成长的特征和规律。

黄晓棠 NLP 观点：

事情本身是中立的，不同的人、不同的角色看同一件事情会有不同的观点。熊爸爸看到熊大弟慢、拖拉；熊妈妈看到熊大弟负责任。家长要学习从不同的角度看孩子的行为，包括站在孩子的角度、父母的角度、学校的角度、社会的角度等。家长应避免单纯从自己的角度出发，只看到孩子行为的破坏性的一面，还要走到另一边，看看好的一面是什么。

给孩子喂一条小鱼

晚上临睡前，熊大弟送给我一份折纸。折纸有里外两层：外面是粉红色的，做得像信封一样；里面是粉蓝色的，折成一只天鹅形状。折纸有点粗糙，这是熊大弟一贯的作风。我接过折纸，走出客厅，想着如何感谢熊大弟。以前的做法，我是口头感谢和欣赏他。现在熊大弟已经上小学了，我感觉手上的折纸可以做成 NLP 心理学的“小鱼”。小鱼文化源自于模仿海豚训练员的做法。当海豚碰巧做出某个特色动作时，训练员就会喂海豚一条小鱼，吸引海豚再做同样的动作。NLP 模仿了这种训练方法，用在人身上，一样有效果。我灵机一动，就拿起一支笔，在外面的这张折纸上写了两句感谢的话，之后把它对折，给熊大弟送信去了。熊大弟既惊讶又好奇，妈妈从未给他送过信。熊大弟接过信之后，我就特意回避了，心想他会不会也回赠我一条“小鱼”呢。等我再次回到房间时，熊大弟果然写好了一条小鱼，并把它贴在梳妆台抽屉面上，说是送给我的。我过去一看，是一行拼音，没有间隔，写的是：woxihuan. 听到这句话，我心里暖暖的。我问熊大弟想不想以后收到更多的信？要不我们来做两个信箱，你一个我一个，以后每天可以查看有没有自己的信？说做就做，熊大弟用一个透明胶盒当信箱，用双面胶纸把信箱粘在衣柜边。我用糖果罐当信箱，也用双面胶纸粘在窗旁。我想，第二天我会带头写信，把“小鱼”文化带进我和孩子之间。

黄晓棠NLP观点：

“小鱼”是一个容易操作，又对亲子关系有很大帮助的工具。平日的亲子互动，父母受到情绪的影响，不容易做到时时赞扬鼓励孩子。拿起笔写一条小鱼，父母此时已比较冷静，比较容易发现孩子的优点。孩子收到小鱼时是兴奋的，还可以读了又读，小鱼便成为触发孩子快乐的心锚。你准备好给孩子写一条小鱼了吗？

熊小弟竟然要爸爸接送了

我一连出去学习五天。每天晚上坚持回家，这样就可以跟两只小熊和熊爸爸有一些相处的时间了。

第三天早上，我在客厅跟时间打仗，忙着打点。七点四十五分我约好了顺风车司机，现在时间已接近七点三十分了。在上车之前，我还得送熊小弟去幼儿园。这几天熊小弟都指定要我接送。第一天早上，熊小弟还因为我下午不能赶回来接他，在幼儿园伤心地哭泣。

正在忙乱时，我听到熊小弟从房间传出来的声音："今天我要爸爸送我去。"什么，我没听错吧？今天熊小弟竟然要爸爸送他去上学？我怕自己听错，赶紧向熊小弟核对一遍:“你是说要爸爸送你去吗？”熊小弟确认说：“是。今天下午也要爸爸接。爸爸不能接就爷爷奶奶接，或者婆婆（阿姨）接。”熊小弟这番话直接把我感动了。

在车上，我总结为何熊小弟有这么大的转变。在我没出去学习时，熊小弟基本上每天都是由我接送的。熊小弟已习惯我接送了。所以头两天，熊小弟需要一点时间来“换频道”，适应由爸爸接送。这两天经过和爸爸的亲密接触，熊小弟也爱上爸爸了。看来，我定时出去学习还有这样一个特殊意义，就是制造机会让熊爸爸和两只小熊多点接触。

黄晓棠NLP观点:

从NLP角度，环境可以影响一个人的想法。熊妈妈出去学习了，无意中制造一个环境让两只小熊多跟熊爸爸待在一起，慢慢地熊小弟就从“不要爸爸接送”变成“我要爸爸接送”了。从萨提亚角度，父母关系的稳定程度直接影响孩子的安全感。当爸妈关系亲密时，孩子就感觉安全了，就愿意接触更多的人了。孩子也不需要紧紧黏住妈妈，去“保护”妈妈了。

最强大脑，每个孩子都拥有

餐桌上，熊大弟兴奋地跟我说："我也想要买一个像同学一样的魔幻陀螺二，名字叫……呃，我忘记了。"我坐在熊大弟对面，见他碰到问题了，就忍不住给建议："你要不要打给你的同学问问？用你的电话手表打。""哦，我现在就去打！"熊大弟边说边跳起来，饭也顾不上吃了。这时，我脑袋里一个念头闪过，我马上叫熊大弟坐下，说："不用不用，我可以帮你想起来叫什么名字。"熊大弟也配合，他坐下了。我给指令，说："你把眼珠转到左边，回听刚才你同学说的是什么名字。"我一边说一边做给熊大弟看。熊大弟照做了，可还是想

不起名字。我还有一招，我说："你把眼珠转到左上角，像我一样，回看刚才你同学说名字时，嘴巴是什么样子的。"熊大弟照做，把眼珠转到左上角，并顺带把眼珠子按时针转了一圈。果然见效了，熊大弟大叫起来："我知道了，是焰天火龙王！"

这么长的陀螺名字，难怪熊大弟记不住。熊大弟透过转动眼珠记起这个名字，还真让我吃惊。

黄晓棠 NLP 观点：

NLP 认为，我们的思想和记忆都跟大脑的神经有关。当我们的眼球转到左上角时就会看到过往的画面，转到左水平线则会听到过往的声音，转到左下角代表思维逻辑和自我对话，转到右上角代表创建未来的画面，转到右水平线代表未听过的声音，转到右下角代表感觉。当熊大弟转动眼珠子的时候，实际上就是把画面、声音、感觉等都串联起来，所以就比较容易找到想要的记忆。如果孩子考试时卡住了，鼓励孩子转动眼珠，这样可以打破受困状态，进入灵活状态。

讲一个没听过的司马光的故事

不知道从哪一天开始，熊小弟就要求我每天讲好几个《没听过的司马光的故事》。这不是一本书，而是我编的故事。自从几个星期前，我给两兄弟讲了司马光砸缸的故事以后，按照两兄弟的习惯，熊小弟喜欢一个故事重复听，而熊大弟却永远要听没听过的，可能这个“没听过的司马光的故事”就是他们两个沟通、糅合过的产物。两只小熊还各认领了一个角色，熊大弟是“大司马光”，熊小弟是“中

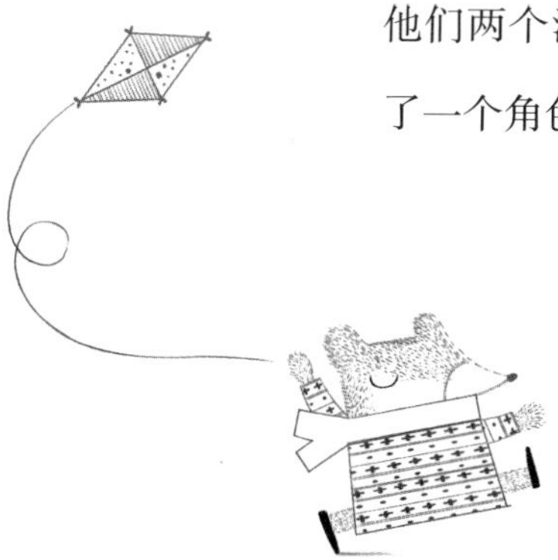

司马光”，还有一个“小司马光”是熊大弟一个要好的同学，住在我们同一栋楼，天天一起玩的。连我和熊爸爸都有了角色，我是“司马妈”，熊爸爸是“司马爸”。

“没听过的司马光的故事”并没有难倒我。我讲故事都是不看书的，而是天马行空编出来的。现在养成了一个习惯，就是熊小弟根本不屑我读故事书，他更想要的是我编出来的那些故事。我是如何编故事的呢？灵感从何而来呢？很简单，一点破大家都会，就是将当下眼睛看到的、耳朵听到的、感觉到的作为故事的起点。

看的。例如昨晚熊小弟又要求我讲“没听过的司马光的故事”，我脑袋突然浮现出前不久我看过的一条蚯蚓的画面。于是就从这个开始讲了：“有一天，司马光去钓鱼。他有一个鱼钩，有一根细细的竹子，有一个装鱼的小桶。到了河边，他发现没有给鱼吃的东西。你猜鱼喜欢吃什么呢？”熊小弟回答：“就是鱼吃的那种饲料。”我接着回答：“嗯，只是饲料很硬，鱼钩穿不进，而且饲料放进水里，又很快就融化了。那，还有什么更好的呢？……”熊小弟提供了更多的选择。一轮互动之后，我继续讲：“司马光想到了一个好主意。他把一块石头翻开，哇，石头下面的泥土里有好多蚯蚓。拿蚯蚓来钓鱼是最好的了……”就这样，我就一直编下去，还编到了最后拿着螃蟹和鱼去酒楼煮等。故事当中不忘穿插一些问话，引起熊小弟的好奇。

听的。如果熊小弟要求我讲故事的那一刻，我听到窗外小鸟的叫声，我可能会讲：“司马光和他的朋友们去森林玩耍。森林里都有什么动物呢？”一轮互动之后，我会兜回来：“只是有一只小鸟，它翅膀受伤了，落在树枝上飞不动了，怎么办呢？”此刻我就会让“中司马光”想办法。如果是两只小熊都在听故事，我就会让他们抢答。从他们的答案当中，我又得到一些灵感继续讲。

感觉的。假如躺在床上讲故事时我有点困，这个感觉也可以变成我讲故事的灵感。我会讲：“有一天晚上，司马光躺在床上准备睡觉了。玩了一天，他已经困了。就在他快睡着时，突然他听到一个声音……”

有了这些看的、听的、感觉的作为故事的引子，我是从来都不缺故事的。

黄晓常NLP观点：

视、听、感，NLP心理学中称之为“次感元”。次感元用途多多，其中一个就是可以用来讲故事。它不但可以作为故事开头的灵感，如果故事里增添许多“看到”的元素，例如色彩、形状、大小、表情等，再增添一些“听到”的元素，例如声音高低、大小声、男女嗓子、动物声音等，然后还有“感觉到”的元素，例如害怕、高兴、伤心、生气等，那这个故事就是一个精彩的故事了。

贴心小棉袄不只是女儿

昨晚躺在床上，熊小弟问：“妈妈，读大学了我就要离开你了吗？”

我说：“你可以选择离开，或者不离开。”

熊小弟说：“我想要跟你在一起。”

我想了想，认为还是有必要给熊小弟灌输“长大了就要离巢”这一观念，所以我回答：“只是长大以后你会娶老婆，有自己的孩子，有自己的小家庭。”

熊小弟突然说：“我只喜欢你。老爸、老哥、爷爷奶奶、婆婆我都不喜欢，我只喜欢你。”

停了一会，熊小弟试探性地问：“你猜谁喜欢我呢？”

我知道熊小弟的心思，只是我要给他更多惊喜。我说："我喜欢你。老爸、老哥、爷爷奶奶、婆婆都喜欢你。李老师、陈老师、小曼老师、杨老师，还有幼儿园的园长都喜欢你。噢，对了，还有伦老师。"

熊小弟翻了翻白眼，表示"怎么会？"心里却美滋滋的。熊小弟还是回到他的话题，说："长大了我要天天去看你，直到你上天了。"

这小不点，开始让我感动了。我说好。

熊小弟问："你上天了，我怎么去看你呀？"

我说："你可以留着我的照片，看照片就可以了。"

熊小弟又来一句："我要留很久很久，直到我上天了，我才"借"给其他人。"听熊小弟这么说，我简直哽咽了。

黄晓棠NLP观点：

孩子的成长是有规律的。七岁以下，孩子的话天真烂漫、天马行空，又很纯真！孩子心里是怎么想的，他就怎么表达，没有设任何防护墙。妈妈的回应，也直穿孩子的心。若妈妈的话是善良的，则能滋养孩子，孩子的心也将继续为妈妈开放。若妈妈的回应是冰冷的，或者是取笑、羞辱的，孩子的心就会受伤。为了保护自己，孩子也慢慢筑起了心墙，终有一天，父母与孩子就到了没话可说的地步了。

世界上谁最会许愿

早在圣诞节还没有到来之前，熊小弟就在被窝里小声地许愿了：“圣诞老公公，我要一个蓝色的魔幻陀螺二。”熊小弟许愿真心诚意，他的愿望被被窝外的圣诞老公公的使者听见了。这个使者就是我，我帮圣诞老公公牢牢记住了熊小弟的愿望。

大约在圣诞节一个星期前，熊大弟也坐在床上许愿了：“我要一个蓝色的深海冰龙王。”熊大弟要的礼物跟熊小弟是一样的。他的愿望，同样被圣诞老公公的使者听到了，并牢牢记在了心里。

我先后帮圣诞老公公在网络上订了两个深海冰龙王。直到圣诞节的前两天，我拆开快递一看，惨了，两个不是一样的。厂家寄错了其中一个手柄的颜色，寄成红色的了。怎么办呢？重寄已经不够时间了。我先开车去两家文具店问了，没有。再去一家大商场里的玩具专卖店，也没有。平安夜的当天上午，我再去小区门口的小卖部，还好，老板娘正在订货，说可以让人送来，下午再去的时候，终于买到手了。为了保持神秘，我把礼物拿回公司，用心包装好，等着晚一点再来取回去。

最后的结局当然是，两只小熊在圣诞日一睡醒，就兴奋地收到了圣诞老公公为他们准备的礼物！孩子是世界上最会许愿的人。他们许愿时没有丝毫杂念，百分百相信，所以他们的愿望自然会被实现。

黄晓棠 NLP 观点：

在许愿这一点上，成人和孩子有莫大的差别。孩子在没有被植入“无望、无助、无价值”的信念之前，对生活总是充满幻想、充满好奇的。成人则会多多少少受这“三无”信念的干扰，都不敢做许愿这个事情了。我们会笑话自己幼稚，会怀疑哪里有说说就能成真这么容易的事，更不相信有圣诞老公公的存在。然而，梦想成真却真真实实在孩子们身上兑现了，我们无须理会背后使这个梦想成真的是谁。谁说你不是圣诞老公公钦点的使者呢？

妈妈，我也会照顾自己

洗澡的时候，熊小弟问我：“妈妈，‘希望’是什么？”

我说：“‘希望’就是‘想要’”。

熊小弟接着说：“我希望一直有妈妈陪我。”

熊小弟最近特别依恋我，用熊小弟的话说，就是“不能有一天不陪我睡觉；每天都要送我上学、接我放学”，今天还要“妈妈一直陪着我”。我赶紧安慰熊小弟说：“会的，妈妈会一直陪你、照顾你，

直到你长大了，娶老婆了。”

熊小弟问：“那谁照顾你呀？”

我说：“我老公咯。”说完发现不对，马上改口说：“不对，是我自己。我自己会照顾好自己。”我说的是真实想法。我不想有托付心态，把自己交给老公来照顾。

熊小弟说：“我也会照顾自己。”

我很惊讶四岁的熊小弟这样说。我好奇地问：“你会怎样照顾自己呢？”

熊小弟回答：“不摔跤，不生病。”

我问：“还有呢？”

熊小弟转转眼珠，继续回答：“不吃太多棒棒糖，不蛀牙。”

我“扑哧”笑了出来，想不到熊小弟想到了这些。

熊小弟生我气了，不许我笑，我赶紧收敛，并且道歉。我说：“对了，自己是可以照顾好自己的，俊熙会照顾好俊熙。”俊熙是熊小弟的名字。

“啊？”熊小弟有点蒙了，“有两个俊熙吗？”

“是的。”我说。

“那另外一个俊熙是谁呀？”熊小弟问。

“就是超人俊熙，他会保护好俊熙的。”

熊小弟没再追问，可能他已经懂了，或者他陷入了思考中。

黄晓棠 NLP 观点：

从外面看自己，是一个新鲜的角度。关系当中不仅仅有我和他人的关系，还有自己和自己的关系。从小，家长可以引导孩子留意自己既有脆弱的一面，也有强大的一面。人是由许多的部分组成的。当孩子脆弱时，如果他留意到还有其他部分在支持着他，他就会感到安全、有能量、能接纳自己。

两只小熊的爱之语

下午在学校门口一接到熊大弟，他的第一句见面语就是：“妈妈，我想吃包子，你带我去买个包子吃。”前几天，熊大弟的见面语是：“我的同学车模比赛得了第三名，奖励了一台零速争霸。回家你也上网给我买两台。”上个星期，我载熊大弟路过鲜花地摊，我停下来想买几个小盆栽，熊大弟径自走到鲜花桶边，抽了两枝黄色的康乃馨，说一枝要送给他的班主任，因为班主任语文教得好，他也

喜欢语文；另一枝则要留给自己。每次接熊大弟放学，好像熊大弟总有那么一两样东西要买。一本著名的书叫《爱的五种语言》，我越来越肯定熊大弟说的爱之语就是其中一种语言：礼物。如果有人买东西给他了，他就感受到被爱。同时，他也用送别人礼物的方式来表达他的爱意。有一次，他到学校对面的小卖部买卡，就不忘给他的同学也买上一叠。

熊小弟呢？昨天晚饭后，我陪哥哥做作业，熊小弟和爸爸、爷爷奶奶、两个堂妹下去小区花园散步。约半个小时后我下去，他又陪我和熊爸爸再走了二十分钟，途中已有好几次喊累，要我抱。二十分钟后爸爸说要回家，我则想要再走几圈。累了的熊小弟见我还不上去，他也不上去，就要陪着我。临睡前，我让熊小弟回他床上睡觉。哥哥已经睡着，熊小弟硬要我陪着他讲故事。为了不吵醒哥哥，我让熊小弟到我床上来听故事。结果他就不走了，想安排熊爸爸去他的床睡。熊小弟最在乎的是我陪不陪他。他强调过好几次，说：“不能有一天你不陪我睡觉，不能有一天你不送我上学、不接我放学。”

甚至，他还关心，如果有一天我上天了，他怎么去见我。他要我的照片一直陪着他，直到有一天他也老了、上天了，他才愿意把照片“借”给别人。熊小弟的爱之语，就是：精心时刻，也就是全身心的陪伴。

掌握了两只小熊各自爱的语言，我就能更对胃口地去爱他们了。

黄晓常NLP观点：

爱的五种语言包括：肯定的言辞、精心的时刻、接受礼物、服务的行动和身体的接触。每个孩子都有他主要的爱语。当父母说对了他的爱语时，孩子就会备感被爱。相反，如果父母不觉察地用了孩子的爱语来惩罚孩子，孩子就会备感受伤。例如，喜欢身体接触的孩子，如果父母打了他一巴掌，孩子受伤的感觉远远比说其他爱语的孩子深刻。

为什么老哥读三年级时，我读一年级？

早上，四岁的熊小弟躺在床上，我来帮他换衣服。熊小弟问：“妈妈，为什么老哥读三年级时，我就读一年级？”

我回答：“因为老哥比你大两岁，他比你先读两年书。”

熊小弟问：“为什么？”

这个话题熊小弟不是第一次提出来了。我们经常有讨论，当哥哥读几年级了，他就读几年级。这一次，我像平常一样解释后，熊小弟还问为什么，我听出了醉翁之意。熊小弟想表达的不是“为什么”，而更是“凭什么”我永远比哥哥小两级。他需要的

是荣耀感！所以，我对症下药，我问："当你读一年级了，晴晴（熊小弟的堂妹）还在读幼儿园呢。为什么？"

熊小弟马上回答："她读幼儿园大班，因为她比我小一岁！"

"是啊。"我附和着，继续问："那彤彤（彤彤是更小的堂妹）呢？"

"她才读中班，因为她比我小两岁。当我读四年级的时候，晴晴才读三年级，彤彤才读二年级，她们好矮啊，哈哈。"熊小弟得意地边说边笑。看他的得意样，我就知道他想要的已经满足了。

黄晓棠NLP观点：

有句话说得好：醉翁之意不在酒。孩子有时候也是这样的醉翁。家长要学会明察秋毫。孩子嘴巴说的话林林总总，家长要学会读出话语下面孩子的渴望。孩子渴望的有接纳、重视、安全感、独立自主、欣赏和赞美、关系的联结等。如果家长的回应满足了孩子的渴望，孩子就会感受到被爱，他就活得更绽放了。

期末考的前一天

期末考的前一天晚上，熊大弟比平时早一点点上了床。我一边帮熊大弟盖被子，一边为他打气。熊大弟是个灵活的孩子，只是他做作业和考试，还没养成做完检查一遍的习惯，所以经常因为写错或漏做而被扣分。明天是熊大弟的第一次期末考，我要如何让他接受检查的建议呢？

我想到了一个办法。我向熊大弟描绘说：“这个星期五是结业典礼，到时会有颁奖环节。”其实我也不知道到时会有什么环节，就这么构想着。我继续说：“颁给谁呢？当然是颁给考一百分的同学啦。老师开始点名了：‘第一名是翁俊杰同学。’

翁俊杰听到名字后，走上台。下面有好多家长。所有一年级的家长都去了，有谁谁谁的妈妈，还有谁谁谁的妈妈……当然，我也在下面。老师颁了一张奖状给翁俊杰，然后说：‘请翁俊杰给我们分享一下，你是怎么样考到一百分的？’俊杰说：‘我考一百分的秘密就是，做完卷子，我会检查一遍。如果还有时间，我还会多检查一遍。’这个秘密是妈妈我现在分享给你的。我只分享给你一个人喔。”

描绘完，我问熊大弟：“你明天想要考几分？”

“考一百！”熊大弟眼睛闪着光说，仿佛刚才的奖状就是颁给他的。

“那你做完卷子打算检查几遍？”

“二十八遍。呃不是，五十六遍才对！”熊大弟用夸张的数字来表达他的决心。我心中暗喜，看来我的方法成功了。

黄晓棠 NLP 观点：

NLP 心理学，有一个“以终为始”的技巧。按字面解释，就是把目标达成了的那一刻当成现在，提前体验成功带来的喜悦，并带着这一份喜悦和信心出发。孩子的学习，动力占了一大部分。如何激发孩子的动力？就是先描绘他想要的，让孩子看清楚他想要的是什么，体验达标后的荣誉感，然后让这份荣誉感带着他向前。

饱了就吃不下饼干和糖果咯?

两只小熊对糖果和饼干简直没有抵抗力。最近我们搬新家了,家里来了客人,也带来了糖果和饼干。我为了表示对两只小熊的信任,就让他们决定一天要吃几块饼干和糖果,双方同意后,我就把零食都放在矮的地方,期待他们按约定去拿。可是吃完了约定的数量,他们还是抵挡不住糖果的诱惑,拿了又拿,吃了又吃。

今天吃饭,熊大弟心不在焉地吃了一点米饭,

就说饱了。我知道他的心思，他是想快点去吃他喜爱的饼干和糖果。我问熊大弟："你确定饱了吗？"熊大弟回答："我真的饱了。"我抓到他的痛脚了，我说:"饱了的意思就是连糖果和饼干都吃不下咯？"熊大弟这下没话说了，闷闷地把碗里的米饭吃完了。

黄晓棠NLP观点：

来自妈妈的大道理，孩子不一定接受。例如妈妈说零食不能多吃，要多吃饭才会长高等，孩子未必听得进去。妈妈用孩子本人的话来击垮孩子搭建的理由，孩子就会没话说，这一招叫"反击其身"。有一些家长用打孩子的方式来教育孩子不可以打架、不可以乱打人，说这是没礼貌的。孩子也可以反击其身，反击家长说你现在就在乱打人！

启动起床程序，孩子不会赖床

早上七点一刻，到了该起床的时候了。我摸摸熊小弟的腿，然后提起他的一双小脚丫，凑到鼻子前深深地闻了一下，说“起床喽！”

我又到另一张床，摸摸熊大弟的额头，摸摸他的肚子，说：“起床喽！”

两兄弟努力地睁了睁眼皮，没睁开。接着，我就开始一边抚摸他们一边问问题了：“请问今天星期几呀？”

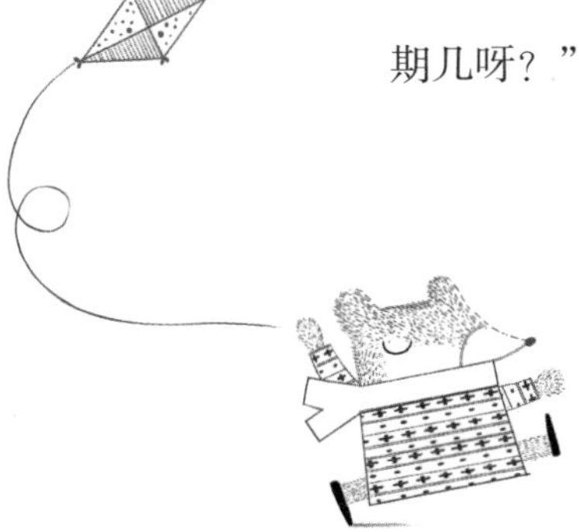

“一呗。”有声音了，熊小弟开始回答问题了。

“对了，星期一，Monday。那星期二呢？”

“Tuesday。”熊小弟接着回答问题。

“星期二，Tuesday。星期三呢……”

我们一问一答一直问到了星期天。问完后两兄弟基本上完全清醒了。

“继续考我问题，考狮子的。”熊小弟还不过瘾，要我继续挑战他。于是我就一边考他们简单的狮子的问题，一边给熊小弟换校服。他们换完校服就到客厅洗漱去了。

黄晓棠NLP观点：

睡觉有睡觉的程序，起床也有起床的程序。先拉开窗帘，让光线进来；再抚触孩子，让孩子苏醒；然后家长提出一些容易回答的问题，让孩子自信起来，愿意跟家长互动。

批评之后是什么？

天寒地冻的，我和两只小熊在商场买完东西，准备打车回家。我们叫了网约车，在商场外的马路边等车。马路上车来车往，熊大弟在人行道边上跳来跳去的，有时还跨到马路上去了。我马上喝止道："快点上来，马路危险！"熊大弟听到了，赶紧上了人行道。换成以前，看到孩子就范了，我可能就继续等我的车了。现在我有了更好的做法，看到孩子配合了，走上人行道了，我会及时肯定地看着他说："对了，这样就对了。"

有一天中午我回到家，发现两只小熊没在客厅，但爷爷的房间里隐约传来电视声，我就知道他们一定是窝在爷爷的房间看电视去了。进去一看，果然，两只小熊和两个堂妹懒散地窝在床上看电视。木地板上竟然有一摊像牛奶一样的东西，仔细一看，原来是融掉的雪糕，旁边还有一个粘着巧克力的雪糕杯盖子，床上还扔着一根勺子！看到这个场面，我冲过去一把把熊大弟扯下床，气愤地把熊大弟的手按在雪糕杯盖子上，要他马上清理。熊大弟嫌脏，不肯清理。我更气愤了，熊大弟就在我脚边，我按捺不住踹了他一脚，熊大弟马上哭了。过了一会，我发完疯了，熊大弟也停止哭泣了，大家都回归平静。冷静下来以后，我知道刚才做得太过了。我又换成缓和的语气让熊大弟把垃圾扔掉，接着把雪糕迹拖干净。熊大弟在拖地的时候，我还特意走进房间，表扬他拖得好。事后我们都坐回沙发的时候，我跟熊大弟道了歉。

黄晓棠NLP观点：

家长看到孩子做得不对，通常会指出孩子的错处，告诉他不能这样做。孩子除了知道“不可以这样做”，更需要知道“要怎么做才对”。妈妈的肯定，除了让孩子知道该怎么做，还加强了孩子做对事的动力，以后孩子就会多做妈妈说“对”的事情。

游戏里的大乾坤

寒假未过，我带两只小熊和堂姐、表哥们去商场里玩投币游戏。孩子们大的是十二岁，小的是四岁。不同年龄段的孩子玩的游戏有所不同。十二岁的表哥喜欢玩赛车，赛车赢了有荣誉感；四岁的熊小弟喜欢玩捞弹珠，弹珠是实质的奖品，熊小弟拿到手时特别兴奋。后来，我发现有一款游戏，无论是大孩子，还是小孩子，都挤在那里玩得很激动。这是一款打斗的游戏，就是要将迎面来的敌人打败的那种。在我的角度看来，这是暴力游戏，我最不喜欢拳打脚踢、打打杀杀的了。可是为什么孩子们那么喜欢玩呢？我明白了，不是因为孩子们暴力，而是

因为孩子们天生都是正直的，都喜欢当英雄，消灭坏人。就像我平时给两只小熊讲的故事一样。家里买了各种各样的故事书，当我要拿书给他们读的时候，熊小弟总是不感兴趣，坚决不让我读，而是吵着要我给他讲我自编的《小黄车》或者《小猪三兄弟》。这两个故事都是角色分明的，小黄车和小猪三兄弟都是英雄，都聪明而厉害。故事里的小黑人和大灰狼七兄弟都是坏人，每次干坏事，都被小黄车和小猪三兄弟打。每一次的故事情境并不一样，但角色和结局基本是一样的，都是小黄车和小猪三兄弟打败了小黑人和灰狼七兄弟。基于这些理解，我便没有去阻止孩子们玩这个打斗游戏。我让他们都奋力作战，都当了英雄。

黄晓棠NLP观点：

孩子们的兴趣爱好都是天然的。在我的价值观里，天然的东西都有它的作用和好处，是值得研究的。所以我不会贸贸然地阻止孩子们玩打斗的游戏，不会给它贴上“暴力而不能玩”的标签。孩子的世界黑白分明、好恶分明，这让他们活得明白、有动力。这何尝不是一件好事？

都叫你别粘到番茄酱了！

中午，我带两只小熊和表哥去吃麦当劳。我们四个人的薯条倒成一堆，一起分享。我们围着一张小圆桌，薯条堆在表哥那边，刚好是熊大弟的对面。熊大弟这边挤了一堆番茄酱，如果要伸手拿薯条必须先越过这堆番茄酱。熊大弟第一次伸手拿薯条的时候，羽绒服的袖子差点就粘到了番茄酱。我见状赶紧顶起他的手，并提醒他注意，袖子别粘到番茄酱。结果，熊大弟第二次伸手拿薯条时，手腕上的

电话手表还是粘到番茄酱了，表带和圈子上都粘到了。我生气地责备他：“我不是跟你说过了吗，不要粘到番茄酱？”我心里清楚我最好把番茄酱挪到别的位置，这样问题立刻就可以解决。但固执的我硬没有去动它，可能是要看看熊大弟还会不会再粘到番茄酱吧。第三次，第四次……结果每一次熊大弟都忘了把手拱起来，都是在快粘到番茄酱的那一瞬间我大声吆喝“别粘到！”才幸免于粘到。最后，一顿饭下来，我可能吆喝了十几次“别粘到”，连表哥都提议说“番茄酱不能放这里”了。

黄晓棠NLP观点：

对于喋喋不休的道理，家长们特别钟爱。熊妈妈明知道重复的提醒未能帮助到孩子，还是继续沿用“只动口，不动手”的做法。其实，孩子需要的，是家长实际的帮助，例如帮孩子把番茄酱挪开，而不是仅仅从嘴巴说出来的“帮助”。

一点作业做了三个小时，也要忍住别插手！

昨天晚上熊大弟没有数学作业，只有语文作业。语文作业是抄写第一课的七个生字，听写第一课生字，预习第二课和读课外书共四样。我预计他一个小时左右就可从完成了。熊大弟从七点钟左右就开始做，到了八点十分，我带熊小弟去洗澡，熊大弟还停留在第一样的抄写生字。我有点紧张了，控制不住质问熊大弟：“你想要做到几点钟？”

我和熊小弟都洗完澡了，时间来到九点十分，熊大弟依然停留在第一样。我把熊小弟拉进我房间听故事，关上熊大弟的房门，以断绝他们混在一起永无止境的嬉戏。我在床上给熊小弟讲故事，心却在担心熊大弟会不会又在弄其他的，没有专注做作业了。我暂停故事，走进熊大弟的房间，把他桌面上有机会分散注意力的画本和故事书都收走了。

十点钟，熊小弟已睡着了。熊大弟做了抄写和预习，还有听写和阅读没有做。我说："我不能等你了，我要先睡了。听写改成默写，你自己做完就换衣服睡觉吧！"

半夜十二点多，我醒来，过去熊大弟房间查看。熊大弟已换了衣服在床上睡得很香。被子底下还有一本课外书，显然是完成了第四样作业。书桌的灯还亮着，我过去一看，全部作业都完成了。我心里有一丝喜悦和怜惜，全部作业是熊大弟独自完成的，我没有插过手。如果我一直站在他旁边监督他做，或许可以较快完成作业，但这不是我长期想要的结果。这就像孩子刚学穿衣服一样，自己拉拉链，一条拉链可能要拉上几分钟，我必须要有足够的耐心让孩子自己完成，不能为了快点而帮孩子做了。

黄晓棠NLP观点：

独立自主是成功人生的重要一项。如果由孩子自己掌控写作业的节奏，写得慢也由自己承担后果，孩子就会认识到做作业是自己的事，他是在为自己做作业。所以，熊妈妈的做法是孩子写得再慢也不站在旁边监督，相信写作业就像练习拉拉链一样，孩子会渐渐地因为熟练而提高能力和效率。

妈妈，由我来控制方向！

熊大弟读一年级，每天中午回家休息，下午一点四十五分左右回学校。今天由我骑电动车送他回校。平时两只小熊无论是谁坐我的电动车，都喜欢坐我前面，车子由他加油，我来把握方向和控制刹车。

今天，开到半路，熊大弟说："妈妈，由我来控制方向。"熊大弟的意思是车子往左往右、直走拐弯都由他来控制。我欣然答应了，同时帮他看前看后，确保路况安全，紧急时我就帮他刹一下车。我感觉孩子的这一诉求跟家长养育孩子是多么相像啊。到了某一年龄段，孩子就会要求独立自主，他想吃什么菜，想什么时候做作业，想报什么兴趣班，都有了自己的意见。然而家长由于不放心，依然紧紧握住方向盘，什么都由家长自己决定。孩子只有听从的份，由于缺乏参与感而对生活慢慢失去兴趣。

到了学校门口，一路开过来，熊大弟的方向控制得相当不错。下了车，我对熊大弟说："下午玩得开心点喔！"熊大弟先是到闸门的电子显示屏看了一下，回头告诉我说："妈妈，现在是一点四十分。"我微笑着点点头。熊大弟就一蹦一跳地进学校了。身体语言最能告诉我们实情了。如果孩子走路是连蹦带跳的话，代表此刻孩子是轻松愉快的。经过一路上的自我把控方向，熊大弟的心情是如此的美好。

黄晓棠NLP观点：

孩子需要走向独立，就如孩子到了一定年龄段就要求到小区和其他小朋友玩一样。家长如果怕孩子不安全，就拒绝孩子的要求、命令孩子待在家的话，就等于拒绝孩子走向独立。家长更好的做法是，顺应孩子的需求，陪孩子下去，远距离观看，确保孩子探索的环境是安全的。慢慢地，家长可以由孩子自己下去，身上带着个电话手表联系就可以了。孩子独立的过程，家长可以做的是顺应需求，先陪伴，再慢慢放手。

一个雪糕引起的争吵

熊大弟喜欢吃麦旋风雪糕，所以熊爸爸和我买了一个给两只小熊分享，我和爸爸则分享一个巧克力新地雪糕。回到家，我正在洗手，听到客厅饭桌那边有激烈的争吵声。我走过来，原来熊爸爸正在为两只小熊分雪糕。爸爸想要公平公正地把麦旋风分成两半，熊大弟因为太爱吃麦旋风了，极其担心爸爸把原杯子里的雪糕分少了。熊爸爸每舀出一勺子，熊大弟就心疼得哇哇叫，哭叫着："好了好了！我没有了！"熊爸爸因为熊大弟不讲道理，明明原杯子里的还多，就生熊大弟的气，也嚷着说："那你来选啊！你可以选第二杯啊！因为吃就哭成这样，恶心的家伙！”我站在现场，虽然有更好的方法，但熊爸爸的话已说出口了，作为父母，我们需要统一战线，以免意见不一致而引起孩子混乱，所以我不吱声了。

好不容易搞定了两只小熊的雪糕，熊大弟最后当然是受到爸爸的责备，而赌着气收货了。轮到熊爸爸和我分雪糕了。爸爸把雪糕拿到茶几那边去分。我走过去，问正在分雪糕的熊爸爸：“这次多的是给你还是给我呢？”熊爸爸回答：“肯定是多的给你啊。”我说：“我不怎么喜欢吃雪糕。”熊爸爸调整说：“那就少的给你吧。”我找到了机会教育熊爸爸了，我说：“其实弟弟也不怎么爱吃雪糕，哥哥就超级喜欢。分少一点给弟弟也是可以的，只要他们两个认为可以就行了，不一定要很公平地分一样多的。”

黄晓常NLP观点：

公平不是绝对的。对于多子女家庭来说，有的孩子需要妈妈的关注少一点，有的特别黏妈妈，需要多一点。智慧的妈妈不是把时间分成两半，每个孩子一半，而是观察孩子的需求，凭需求供应。做到因需供应的前提是父母要先观察孩子，懂孩子的爱好和特质。

化批评为开玩笑

今天的晚饭，阿姨煮了面条给两只小熊。熊大弟说：“我要多一点。”熊大弟上小学，在学校没有晚餐吃；熊小弟读幼儿园，四点多在学校吃了晚餐才回家。所以我冲着厨房喊：“哥哥可以多一点，弟弟吃少一点。”熊小弟反驳道：“妈妈，我最喜欢吃面条了，我还不饱。”意思就是，他不能比哥哥少。我看着他，哦了一声，表示明白他的意思。

吃着晚餐，熊大弟突然想起来，妈妈每次出去学习都会带点东西回来给他们。今天我刚好出去学习了，所以他问我：“妈妈，你今天带了什么回来？”我说：“我带了三个饼干和一颗糖果。”两只小熊听到了就兴奋地跳下椅子，到我的包里拿，每人分了两样。拿着糖果回到餐桌，熊小弟说："我饱了，不吃了。"我明白孩子有想法时，不能跟他对着干，所以我看着桌上的菜，对着菜说："刚才有位小朋友说还不饱，现在突然说饱了。是哪个小朋友呢？"我夹起面前的一颗菜丸子，跟它对起话来："是你吗？是你刚才说不饱，现在又说饱了吗？"问完我就啊呜一口把它吃掉了。两只小熊看到这个画面都被逗笑了。熊小弟说："不是不是，不是那个小朋友，是另外一个。"我夹起另外一颗菜丸子，对他说："原来是你呀，是你刚才说不饱，现在又饱了？"说完我又啊呜一口把它吃掉了。就这样，我连续当着两只小熊吃掉了几颗菜丸子。此时熊爸爸要求熊小弟把面条吃了，熊小弟也没有抗拒，因为说饱的不再是他了，而是转到菜丸子小朋友的身上了。

黄晓常NLP观点：

当孩子产生了家长不认同的观点时，家长应避免跟孩子硬碰硬，而是要用其他的方法引导孩子。开玩笑就是其中一个透过潜意识改变孩子想法的方法。上文中，熊妈妈透过开玩笑，暗中改变了孩子的身份。身份改变了，孩子的想法和做法随之也就改变了。

药汤华丽转身为瘦肉汤

熊大弟前几天跟熊小弟玩耍的时候，后脑勺不小心撞了一个大包，今天熊爷爷特意吩咐煮了田七汤给两只小熊喝。田七有活血化瘀的功效。哥哥要喝多一点，弟弟也经常摔跤，也要喝一点。晚饭后，熊爷爷神情郑重地对两只小熊说："田七汤要记得喝，不能忘了！"说完还进厨房找了个碗，要把汤倒出来。两只小熊对爷爷说的田七汤并没有表现出什么兴趣。可能从爷爷严肃认真的表情当中，两只小熊已经感觉到田七汤是药，不是什么好吃的东西。看到这个情景，我心想，既然田七汤对他们这么重要，我得换个法子让他们感兴趣、愿意喝。我想，田七是和瘦肉一起煲的，为什么不把焦点从田七转换到瘦肉上面来呢？于是我表情兴奋地对着他们喊："有瘦肉汤喝了！厨房有瘦肉汤！"熊大弟晚饭只吃了一点，现在听到有瘦肉汤和瘦肉吃，马上就跟着过来，和我进入厨房了。熊大弟看到我把汤分成两小碗后，还要求我把锅里的瘦肉全部舀到他的碗里。在客厅玩的熊小弟，看到哥哥捧着一碗瘦肉汤出来了，他也跑了过来，要我也在他的汤里放几块瘦肉。就这样，两只小熊就开始品尝美味的"瘦肉汤"了。

黄晓棠NLP观点：

"重新定义"是心理学的技巧。田七和瘦肉一起煮的汤，对于成人来说，更注重的是汤的药效，所以叫"田七汤"感觉恰当。可是对于孩子来说，他们更注重汤好不好喝、美不美味。所以我们要把它重新定义，把它叫作"瘦肉汤"，更能引起孩子的兴趣。

看谁闻得出荷兰豆的味道

熊大弟喜欢吃炒饭。今天的炒饭里只有胡萝卜、玉米和肉末，没有绿色的青菜。这几天两只小熊放寒假，吃多了饼干和糖果等东西，熊爸爸想他们吃点青菜。在爸爸的威迫之下，两只小熊勉强喝了点菜汤，至于面前的一盘荷兰豆，虽然爸爸已经强烈要求了好几遍，熊大弟还是当没听见、没看见。

吃完饭我刚好要给家长们讲一堂关于孩子嗅觉的成长规律，我灵机一动，决定测试一下嗅觉的一

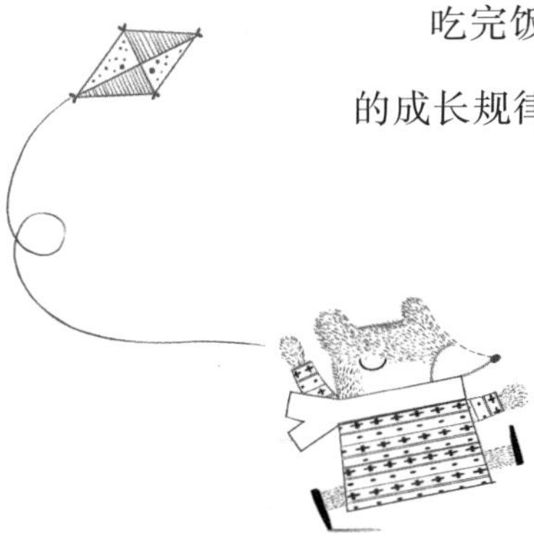

个小游戏。我对两只小熊说："我看你们谁能闻得出荷兰豆的味道。你们先闭上眼睛，我把酸菜，或者肉，或者荷兰豆放到你们鼻子前，看谁闻得出来是什么？"

"我先来！我先来！"碰到有好玩的，两只小熊总是争先恐后。熊大弟先来。我夹了一小块肉放到熊大弟鼻子前。"肉！"熊大弟不费时间就猜对了。"好，奖励！"我故意按套路把肉给熊大弟吃了。轮到熊小弟了，我夹了一片荷兰豆到他鼻子前。他也是很灵敏的，马上就猜到了，开心地把荷兰豆吃下去了。接着熊大弟也吃了荷兰豆。

如何才能让他们不觉察地多吃荷兰豆呢？我又灵机一动，说："现在游戏升级，我可能夹两片，可能夹三片，我看谁闻得出来是几片荷兰豆。"这简直就是个荒谬的规则，几片也能闻得出来？但孩子们并不这么认为，他们充满信心地接受挑战了。我夹了两片荷兰豆到熊大弟面前，熊大弟半眯着眼，很明显是在偷看究竟有几片，看来上有政策、下有对策。我半开玩笑地呼喝"不许偷看"，其实心里不知有多高兴，他们得到成就感了，我的游戏就可以继续了。熊大弟说："荷兰豆、荷兰豆。"说了两遍，代表两片。猜对了，我"奖励"了他两片荷兰豆。就这样，游戏后来发展到一夹夹三片，直到两只小熊满嘴都是荷兰豆，直到我不想玩了，两只小熊还追着我要玩！

黄晓棠 NLP 观点：

孩子叫不动，是我们家长不了解孩子，不知道他们的成长特征，也不知道他们想要什么。就像拼死劲去拉一头牛，拉不动一样。但只要家长掌握了孩子想要的，就像在牛背后轻轻一弹，牛就会朝我们想要的方向去一样轻松。

孩子的嗅觉灵敏，让孩子闻东西的味道他们最在行。同时，他们对有竞争、有成就感的游戏充满热爱。

父母言行不一致的结果

我决定要让两只小熊早点上床睡觉。昨天晚上九点多一些，我就向两只小熊宣布说："今天开始我们要调整时间，大家九点半准时关灯睡觉。"两只小熊看到了我的坚定，就都没有反对。到了九点半，两只小熊房间的灯确实已经关了，只是我和熊爸爸房间的灯还是亮着的。熊大弟在他的房间大声喊道："妈妈，为什么你们的灯还是开着的呢？"对了，为什么我们的灯还是开着的呢？因为我刚刚想

起我的驾驶证快过期了，要赶紧拍一张照给熊爸爸明天帮我去咨询，所以我说："我要先拍一张照。"听到拍照，熊大弟兴奋地跑出来看我要拍什么照，我吆喝他回去，接着自己也加紧速度拍完了，赶紧躺上床睡觉。这时熊爸爸想起还没有给熊小弟受伤的脚趾换止血贴，于是他走到两只小熊的房间里，把灯开了，帮熊小弟换止血贴。弄好之后，奶奶散步回来了在按门铃，熊爸爸出去开门，熊小弟也兴奋地跟在爸爸身后出去开门了。这样一折腾，到了十点钟左右，大家才真正关灯睡觉。

我躺在床上反思。刚才这几幕，两只小熊会学会什么呢？爸爸妈妈明明说了九点半准时关灯睡觉，后来却没有带头做到。那我明天九点半再要求两只小熊关灯睡觉时，他们还当不当一回事呢？更严重的是，除了睡觉这一件事，两只小熊可能学到了，说的话和做的事是可以不一致的。例如熊大弟可能说好了几点钟做作业，但是到点了，他却认为是可以不做的。我最担心的是孩子没有足够的分析能力，他们想不明白为什么爸妈说的跟做的事是相矛盾的，而把原因归结到自己身上，认为一定是自己太蠢了，才会导致这种矛盾。就像我们现在长大成人了，当我们遭到别人拒绝的时候，可能原因并不在我们，但我们往往会想，是不是因为我不够好，对方才会拒绝我呢？是不是我不招人喜欢，对方讨厌我呢？这些非理性的想法有可能就是从我们小的时候看着父母言行不一致而没得到解释而得来的。

黄晓棠NLP观点：

父母言行不一致，给孩子带来的影响，小则让孩子模仿了父母说和做不一致的行为模式，大则影响到孩子的自我价值。他们因为不能够分析，而总结为自己不够好，或不够聪明，导致了这种矛盾的产生。